GOVERNANÇA INTELIGENTE
PARA O SÉCULO XXI

NICOLAS BERGGRUEN e NATHAN GARDELS

GOVERNANÇA INTELIGENTE PARA O SÉCULO XXI
UMA VIA INTERMEDIÁRIA ENTRE OCIDENTE E ORIENTE

Tradução
Martim Cardoso

Publicado mediante acordo com Polity Press Ltd., Cambridge.
Edição original de Polity Press, 2013
© Nicolas Berggruen e Nathan Gardels 2013

Todos os direitos desta edição reservados à
EDITORA OBJETIVA LTDA.
Rua Cosme Velho, 103
Rio de Janeiro – RJ – CEP: 22241-090
Tel.: (21) 2199-7824 – Fax: (21) 2199-7825
www.objetiva.com.br

Título original
Intelligent Governance for the 21st Century: A Middle Way between West and East

Capa e ilustração de capa
Adaptação de Pronto Design sobre design original de www.rawshock.co.uk

Revisão
Raquel Correa
Tamara Sender
Lilia Zanetti

Editoração eletrônica
Filigrana

CIP-BRASIL. CATALOGAÇÃO-NA-FONTE
SINDICATO NACIONAL DOS EDITORES DE LIVROS, RJ

435g

Berggruen, Nicolas
    Governança inteligente para o século XXI : uma via intermediária entre Ocidente e Oriente / Nicolas Berggruen e Nathan Gardels ; tradução Martim Cardoso. - Rio de Janeiro : Objetiva, 2013.

    Tradução de: *Intelligent governance for the 21st century*
    247p.   ISBN: 978-85-390-0449-2

    1. Globalização 2. Relações econômicas internacionais. I. Gardels, Nathan II. Título.

13-0133.   CDD: 330.9
                                                   CDU: 330

"Sabe-se pouco no Brasil sobre os acontecimentos mais recentes na China, principalmente sobre a maneira de pensar dos novos dirigentes chineses. Neste livro Nicolas Berggruen e Nathan Gardels resumem o pensamento de algumas novas correntes político-intelectuais que influenciam a geração que se aproxima do poder. Depois de uma bem-sucedida transformação econômica e da presença crescente da China no mundo, será preciso adaptar o 'socialismo harmonioso', proposto pelos novos dirigentes, a formas de cooperação internacional que permitam maiores convergências entre Oriente e Ocidente. Nesta busca, a revalorização de Confúcio não afasta a dogmática marxista, talvez nem mesmo a maoista. Com o tradicional pragmatismo chinês, as redefinem de forma a torná-las compatíveis com a prosperidade econômica, a acomodação social e a paz no mundo. Vale a pena ler este livro."

Fernando Henrique Cardoso

"Um livro inteligente e provocador sobre o tema central dos nossos tempos: governança efetiva. As democracias e os sistemas autocráticos correm ambos o risco do fracasso em grande escala. Berggruen e Gardels nos convidam corajosamente, a nós e a próxima geração, a abordar de frente este problema, com humildade e mente aberta.

Michael Spence, prêmio Nobel de Economia, ex-presidente da Comissão de Crescimento e Desenvolvimento do Banco Mundial e autor de Os desafios futuros da economia

"Berggruen e Gardels trazem uma valiosíssima visão de por que nossas democracias ocidentais se tornaram tão disfuncionais. Argumentam que a menos que desenvolvamos uma perspectiva de governança a longo prazo, 'a democracia de consumidores' atual irá solapar seu próprio futuro. Um ponto de partida genial para um debate de que se necessita com urgência: o de como nos governarmos nesta nova era."

Arianna Huffington, diretora de Huffington Post/AOL

"Um livro fascinante e um poderoso sinal dos nossos tempos."

Financial Times

"Temos algo a aprender com a experiência política da China? Os autores rompem o tabu e afirmam que sim, imaginando um sistema político que combine a capacidade de prestar contas com a meritocracia e esboçando uma globalização emergente que poderia revitalizar o multilateralismo. Um livro realmente estimulante.

Pascal Lamy, diretor geral da Organização Mundial do Comércio

"Berggruen e Gardels oferecem uma perspectiva pouco convencional sobre o que deveria significar a boa governança no século XXI, indo mais além do que as já batidas explicações do tipo 'Oriente contra Ocidente' e oferecendo algo muito mais convincente e pragmático."

Eric Schmidt, presidente executivo da Google

"Baseando-se em preceitos e práticas tanto do Ocidente quanto do Oriente, Berggruen e Gardels fornecem uma visão detalhada do que é a 'governança inteligente'. Leitura obrigatória para quem quer refletir sobre como abordar os cada vez mais numerosos desafios que enfrentam nossas sociedades."

Zhang Weiwei, autor de The China Wave: Rise of a Civilizational State

"A ascensão do Ocidente já levou à subjugação do Oriente. A ascensão do Oriente inevitavelmente levará a outro ciclo de guerra e revolução no mundo ou teremos a sabedoria necessária para romper este ciclo? Esse desafio moral afeta a todos nós como cidadãos políticos do planeta que compartilhamos, e Berggruen e Gardels o situam diretamente diante do leitor.

George Yeo, ex-ministro do Exterior de Cingapura

Sumário

Breves notas	11
Um livro para pensar	19
Um dilema por resolver: interdependência ou soberania Westfaliana	27
Agradecimentos	33
Introdução	37

Parte I: Globalização e governança

1 Globalização 2.0 e os desafios à boa governança ... 43

2 A democracia de consumidores dos Estados Unidos versus o mandarinato moderno da China ... 58

3 Constitucionalismo democrático liberal e meritocracia: possibilidades híbridas ... 89

4 Os novos desafios à governança: redes sociais, megacidades e a distribuição global das capacidades produtivas ... 118

Parte II: Governança inteligente: teoria e prática

5 Governança inteligente: princípios e modelo ... 149

6 Reiniciando a democracia disfuncional da Califórnia ... 174

7 O G-20: governança global, de reuniões
de cúpula a redes subnacionais 199

8 Europa: união política e déficit democrático 215

Parte III: Conclusão

9 Sobrevivência dos mais sábios 233

Notas 237

Breves notas

Fernando Henrique Cardoso

Conheci Nicolas Berggruen há cerca de cinco anos de maneira inesperada. Eu estava nos arredores de Nova York, em uma reunião organizada pelo City Group, quando recebi um torpedo de Juan Luis Cebrián, antigo conhecido meu e *publisher* do jornal madrileno *El País*, dizendo-me que um amigo seu, Berggruen, iria ao almoço do dia seguinte e gostaria de falar comigo. Na data aprazada, Nicolas efetivamente me buscou e relatou seu projeto: ele estava organizando, no instituto que leva seu nome, um grupo de personalidades para discutir questões da governança global e, mais especificamente, para seguir, em uma espécie de *shadow cabinet*, o desenvolvimento do G-20. Queria, ademais, que eu fizesse parte do grupo.

Minha primeira reação foi a de tentar dissuadi-lo, pois já há muitos grupos deste tipo no mundo, e os resultados são magros. Inútil, Nicolas não é do tipo de gente que desiste. Resultado: meses depois estava eu em Berlim com ele, Felipe González, o ex-primeiro-ministro da Alemanha Gerhard Schröder, o ex-primeiro-ministro do Paquistão Shaukat Aziz, um ou dois convidados mais e Nathan Gardels, esboçando nosso programa de trabalho. O que eu não podia imaginar é que a dupla Berggruen/Gardels amadurecesse tão depressa sua contribuição para melhorar a governança global como este livro demonstra.

As reflexões aqui expostas constituem uma das primeiras tentativas feitas por pensadores ocidentais não centradas na visão e nos interesses estritos do que metaforicamente se qualifica como o "hemisfério norte". Os autores vivem e trabalham na Califórnia e, como mostra o capítulo 6, analisaram a fundo a crise fiscal do Estado mais rico da América do Norte. Por outro lado, como se sabe, trata-se da região mais expressiva da versão web do *american way*, além de ser uma região libertária e contestadora do conservadorismo americano. Assim, prosperidade, crise e contemporaneidade formam parte da experiência cultural dos autores. Isso por si só permite quebrar o fascínio arrogante de postular o mundo ocidental como a culminação da história. Mais ainda, a Califórnia é, por assim dizer, uma região "lindeira" com o Oriente, separados "apenas" pelo Pacífico. São fatores que facilitam uma abordagem cultural ampla sobre a crise contemporânea, sensível à variabilidade das situações econômicas e culturais do mundo e, ao mesmo tempo, consciente de que a globalização obriga a integrar os distintos componentes nacionais em um mesmo sistema.

Noutros termos, este livro adota uma visão policultural e conclama a que pensemos formas de cooperação internacional que permitam uma governação global inteligente, integrando os interesses variáveis de cada país, respeitando-os, mas compatibilizando-os em uma filosofia do bem comum. Trata-se de voltar de modo diferente ao que foi o sonho de alguns filósofos do século XVIII, que imaginaram a possibilidade de assegurar a Paz Perpétua com a submissão de todos a um regulamento jurídico comum (Kant). O livro, contudo, evita que essa mirada universal acarrete o que Marx temia como consequência da visão global hegeliana – que ao falar da humanidade como sujeito da história na verdade estaria deixando de discutir questões concretas, como as classes sociais e suas lutas. Desta feita, os autores tomam em conta que além dos vínculos econômicos gerais há processos político-culturais e diferenças específicas de interesses e culturas concretas que devem ser levadas em conta. Evitam, dessa maneira, encarar o processo de globalização como se nele se desenrolasse a trama do "destino manifesto" de um país que, por seu avanço econômico-tecnológico e sua expansão cultural e de força, pudesse se tornar hegemônico. Tampouco a veem como uma sucessão de lutas por novas hegemonias. Substituem as noções ideológicas de "destino manifesto" de antigas ou novas superpotências pela busca de um "destino comum".

Colocando de lado especulações abstratas, Berggruen e Gardels procuram descrever as condições a partir das quais os Estados-nação contemporâneos podem e devem cooperar na reorganização do poder mundial, estabelecendo áreas de compromisso, nas quais, respeitando as individualidades de seus interesses, os Estados abdiquem de porções de soberania (o natural egoísmo dos Estados, diria Raymond Aron) em benefício não só da paz, mas, como diriam os filósofos políticos gregos, também da felicidade de todos: no controle da catástrofe atômica, das epidemias, do aquecimento global e assim por diante.

Os próprios autores, bem como os prefaciadores Felipe González e Ernesto Zedillo, resumem o andamento intelectual da obra, o que me dispensa de repeti-lo. Quero apenas acrescentar dois pontos, um geral e outro mais diretamente dirigido ao leitor brasileiro.

Quanto ao primeiro, refiro-me ao fato de que neste livro os fatos econômicos e políticos são tratados em conjunto com os culturais. Isso pode parecer banal, mas não é. A primazia para compreender a globalização não é atribuída à dinâmica da economia e nem sequer à sua junção com a tecnologia. Os autores ressaltam o que desde Manuel Castells se tornou evidente: o motor das transformações contemporâneas foi a revolução nos meios de transporte e especialmente nos de comunicação. Vivemos a era da internet e da revolução eletrônica. Entretanto, se o império comunista caiu por sua incapacidade de competir, especialmente depois da miniaturização eletrônica, não foi a falta de capacidade tecnológica em si que o derrubou. Os militares soviéticos desenvolveram tecnologias de ponta; o sistema político-cultural autoritário, entretanto, impedia sua difusão, e o autoritarismo tolhia a criatividade dos cientistas.

Esta maneira de encarar as transformações históricas requer a atualização do velho conceito de "modo de produção". Passados o entusiasmo com os efeitos imediatos da globalização e os temores quanto a que ela pudesse levar à homogeneização cultural do mundo, volta-se a dar relevo ao conjunto de fatores que formam um todo social: a tecnologia e a economia que criam relações produtivas; as formas políticas e sociais pelas quais as pessoas interagem; e o contexto valorativo que define objetivos, condiciona condutas e motiva a ação humana. Não por acaso nossos autores discutem o constitucionalismo americano, com suas práticas liberais e requisitos da democracia representativa, e mostram os desafios para sua readaptação à vida contemporânea, na qual os meios tecnológicos de informação e comunicação possibilitam uma participação mais direta. De modo semelhante, discutem as vantagens e limitações da meritocracia chinesa, ancorada na tradição dos mandarins, que outra coisa não era senão uma burocracia orientada pela virtude confuciana.

Para o leitor brasileiro a apresentação do pensamento de algumas correntes politico-intelectuais da China contemporânea é de enorme valia. Resumindo análises de Zhang Weiwei, colaborador de Deng Xiaoping e principalmente de Pan Wei, professor da Universidade de Pequim que desenvolveu a noção de ¨civilização institucional¨ para caracterizar as transformações atuais da China, os autores mostram que o colegiado que dirige a China, embora não tenha sido eleito pelo povo, constitui uma elite letrada e experiente que obedece às noções neoconfucianas de pragmatismo e virtude. Essa elite faz uso do Estado – no qual só se veem virtudes – para promover a estabilidade em nome do bem comum. Possui condições de estabilidade e preservação diante de pressões de grupos de interesse e da opinião pública, o que lhe permite olhar o longo prazo em matéria de investimentos de infraestrutura e de tudo mais.

Hoje, diz o citado autor chinês, interessa mais discutir as normas da boa governação, que podem cruzar diferentes formas políticas de organizar a produção e de governar, do que marcar diferenças entre tipos de mercado e formas políticas de capitalismo ou entre estas e o socialismo. Ao contrário do que acontece na "democracia de consumidores" norte-americana, baseada no sistema eleitoral direto de uma cabeça/um voto e na busca da satisfação imediata dos desejos do povo, o sistema chinês, com menos respeito aos direitos individuais, acabaria por ser mais duradouro e mais eficiente para garantir no longo prazo as necessidades da maioria. A democracia de consumidores arriscaria incorrer em crises fiscais e na falta de continuidade, quando não no impasse de Congressos divididos e sem capacidade se superar o veto recíproco dos partidos. Ela desconfia do Estado e vive na pressa de atender aos reclamos diários da população. Já o mandarinato chinês dos funcionários do Partido se transforma em uma quase meritocracia, exigindo de seus quadros experiência e prudência.

Berggruen e Gardels não subscrevem acriticamente todas essas considerações. Eles procuram retirar da experiência chinesa sobretudo a predisposição à busca de interesses internacionais convergentes que seriam lições para uma boa governança global. A procura de convergências parece estar motivando os líderes do chamado "socialismo harmonioso", como é qualificado o experimento chinês por eles próprios, levando-os a compartir responsabilidades globais. Antes, contudo, de escrever sobre este tema, gostaria de ressaltar outro aspecto que diz de perto ao leitor brasileiro. Também nós, brasileiros, distamos um tanto da democracia de consumidores, ao estilo americano. Se estamos longe de vivenciar um estado pan-óptico como no modelo chinês e de ser uma democracia propriamente de consumidores como nos Estados Unidos, temos um certo pendor por um ativismo estatal que nada tem de anglo-saxão. Isso não implica, contudo, estarmos fora do processo geral de globalização. A plasticidade cultural que implica em aceitar a diversidade – tão proclamada como virtude da cultura brasileira – é condição para o êxito da integração das formas socioculturais necessária em um processo de globalização que possa ser aceito como legítimo. E isso não é novidade: recordemos que o Japão, até há pouco a segunda economia do mundo, se globalizou no mercado e nas formas produtivas, e mesmo ocidentalizou suas instituições políticas, mas culturalmente permaneceu profundamente "oriental", quer dizer, japonês.

O miolo deste livro se refere às novas dimensões da globalização, na linguagem dos autores, à passagem da Globalização 1.0 para a 2.0. Esta se refere à emergência de novos *players* econômicos, das nações emergentes, antes periferias dos Estados Unidos ou da Europa e hoje possuidoras de invejável vigor. A questão central que se coloca é a de abrir espaço, com legitimidade, para uma governança inteligente, quer dizer, que evite as disfunções trazidas pelo cansaço das soluções antigas e assegure espaço aos novos atores no processo de tomada de decisões. Isso só será possível se houver a aceitação das diferenças culturais e se forem criadas redes que conectem os sistemas subnacionais aos mecanismos globais de decisão. Daí a importância do G-20 como um embrião de novas formas de cooperação internacional respeitadoras da variabilidade de interesses e dos valores de cada sistema subglobal.

Estas poucas considerações não esgotam a riqueza da contribuição de Berggruen e Gardels. Mas, espero, são suficientes para aguçar a curiosidade do leitor que só tem a ganhar se percorrer todas as páginas do livro.

Um livro para pensar

Felipe González

Os problemas de governança das democracias representativas começaram a me preocupar desde o início dos anos 1990.

O impacto da queda do muro do Berlim, a reunificação da Alemanha e, sobretudo, o desaparecimento do bloco soviético, em uma rápida sucessão de acontecimentos históricos, mudaram a realidade geopolítica mundial.

Esta realidade foi acompanhada – ou impulsionada – pela irrupção do fenômeno da "revolução tecnológica", fundamentalmente informacional, pois esta suprimiu a distância (de tempo e/ou espaço) para a comunicação entre os seres humanos. O efeito foi imenso e a aceleração, extraordinária em todos os aspectos da vida, incluindo o conjunto da revolução científico-tecnológica.

Em minhas conversas com Gorbachev nos anos posteriores a 1991 manifestei a opinião de que uma das causas do fracasso do sistema comunista deveria ser buscada na incapacidade da gerontocracia do regime para avaliar a importância desta revolução da informação. Ele me contou uma deliciosa anedota sobre Andropov quando este estava à frente da KGB, e o presidente Reagan anunciou em um célebre discurso a chamada "Guerra das Galáxias".

Andropov consultou o meio científico da URSS para tentar saber o que poderia haver por trás de algumas declarações que romperiam o "equilíbrio do terror", dando superioridade aos Estados Unidos com os escudos espaciais apoiados no desenvolvimento tecnológico em curso. Estamos falando dos primeiros anos da década de 1980. Os cientistas, impedidos pela gerontocracia de pesquisar o campo da revolução informacional, advertiram que, embora ainda não dispusessem do escudo espacial, apostavam na tecnologia que estavam desenvolvendo, chegariam a tê-lo e a hegemonia romperia o equilíbrio.

A primeira evidência deste *gap* tecnológico surgiu na primeira Guerra do Golfo. O armamento do Iraque, embora fosse da última geração de armas soviéticas, era tecnologicamente muito inferior ao dos aliados naquele conflito. Como lembrança, restam os GPS que os soldados da Aliança usavam no deserto do Iraque e hoje é um instrumento incorporado massiçamente à nossa vida cotidiana.

Quatro meses depois de deixar a Presidência do Governo da Espanha – em maio de 1996 –, iniciei o trabalho de análise deste fenômeno que chamamos "globalização", tentando me aprofundar em suas causas e, sobretudo, em seus efeitos. A missão de criar um grupo de trabalho com esse fim foi da "tribo ideológica" a que pertenço, a Internacional Socialista, e apresentei os primeiros resultados no Congresso de Paris no outono de 1999.

Da perspectiva atual, o grande paradoxo destas duas décadas transcorridas desde o desaparecimento do comunismo como sistema antagônico à democracia de livre mercado, unido ao desenvolvimento da revolução tecnológica, consiste em que consagraram o maior triunfo da história do "Ocidente democrático e desenvolvido" responsável pelos dois fenômenos que reunimos sob a denominada "globalização", mas redistribuíram o poder de maneira radicalmente diferente do que caberia esperar. Os protagonistas deste triunfo aparecem claramente como os "perdedores da situação" derivada do mesmo. O Ocidente cede poder frente ao Oriente. O mundo desenvolvido cede poder frente ao mundo emergente. Do Ocidente ao Oriente, do Norte ao Sul.

Em um eixo de coordenadas, esta nova configuração do poder mundial, com as causas apontadas em sua origem, colocou as democracias representativas mais desenvolvidas diante de problemas de governança extraordinariamente complexos. Aqueles que provocaram a mudança global – política e tecnologicamente – vivem seu triunfo como uma perda na relação com os outros. Esta nova situação, acelerada pela crise financeira e econômica, afeta especialmente os Estados Unidos, a Europa e o Japão.

O Estado-nação foi e é, nos séculos XIX e XX, o âmbito de realização da soberania, da democracia representativa e, inclusive, em muitos casos, da identidade como sentimento de pertencimento. Mas já não o é nos termos em que foi concebido e desenvolvido.

O Estado-nação suporta tensões de supranacionalidade, procurando espaços de respostas mais amplos para responder aos novos desafios. É o caso típico da União Europeia. E também sofre tensões internas, em um desejo de aproximação da representação ao local.

A soberania ligada à essência histórica do Estado-nação é questionada. Na Europa, símbolos inerentes a essa soberania, como a moeda, desaparecem. Mas ela também é questionada em âmbitos tão diversos quanto o funcionamento do sistema financeiro, teoricamente sob controle do Estado, mas na prática globalizado, sem fronteiras e sem regras válidas para torná-lo previsível em seu comportamento.

Frente à implosão do sistema financeiro em 2008, o único controle que parece restar ao Estado é o de resgatar, com os impostos de seus cidadãos, as entidades financeiras vítimas de seus próprios erros no "cassino financeiro global".

Isto é somente um exemplo para expressar a crescente conscientização dos cidadãos de que votam em seus parlamentos e governos nacionais com a convicção de que escapam das mãos de seus representantes capacidades para governar âmbitos de competências que antes eram deles e agora dependem desta coisa difusa, inapreensível, que chamamos "mercados".

O triunfo da economia de mercado, ao ponto de ser o elemento mais aceito por todo o mundo, da China à Polônia, passando pelas democracias tradicionais e desenvolvidas, colocou em evidência que a governança representativa toma decisões vitais para os cidadãos, mas não governa o mercado, se submete a ele e à sua famosa "mão invisível". Hoje estamos diante de uma "sociedade de mercado" mais do que de uma economia de mercado com uma cidadania representada por governantes em condições de colocá-la a seu serviço. Veem-se algumas exceções, resíduos de sistemas vulneráveis ou novas "utopias regressivas" sem horizonte.

Isto está nos levando a novos paradoxos. Ninguém pode negar que estamos frente a uma crise sistêmica – democracia representativa e economia de mercado –, mas sem alternativa de sistema. Por este motivo é importante desenvolver respostas para superar a crise que comportem reformas profundas no funcionamento desse sistema. A finalidade, para salvar a democracia representativa, será re-situar o cidadão representado, seus direitos e suas obrigações, sua participação e suas garantias, como a prioridade real da governança.

É claro que o fenômeno da perda de governança das democracias representativas é muito mais complexo, pois também é afetado pela revolução na comunicação entre os seres humanos. A informação circula à velocidade da luz por leitos que não são os tradicionais. Os parlamentos chegam tarde ao debate e se veem arrastados pela corrente desta opinião diária pelos meios de comunicação mais imediatos, sobretudo as redes sociais, informação em tempo real. A grande rede sem fronteiras que é a internet.

Nicolas Berggruen e Nathan Gardels nos provocam com um livro que se atrevem a chamar *Governança inteligente para o século XXI*. É o que vocês têm em suas mãos – virtualmente ou em papel – e que por ordem cronológica, não sistemática, deveria ter começado pelo capítulo 6 da segunda parte.

Na verdade, em meus primeiros contatos com os autores, me chamou a atenção seu empenho em ajudar a corrigir o que chamam "democracia disfuncional californiana". Mas já as primeiras conversas ultrapassaram este limite para nos situar nos desafios da "governança global", com um seguimento, acompanhado de propostas, das reuniões do G-20, e também nas análises e propostas frente aos problemas de "governança da União Europeia em geral e da Zona Euro em particular".

Uma parte destas reflexões compartilhadas está no livro, apaixonante porque explora caminhos inéditos e certamente transgressores. A aventura californiana foi atendida pelas duas formações políticas clássicas nos Estados Unidos. As sugestões para corrigir os elementos mais difíceis deste desafio de governança são muito ousadas. Provavelmente o mais difícil é o aumento da complexidade no processo de tomada de decisões.

Mas, como estava dizendo, a estrutura do livro não atende à cronologia dos trabalhos que foram sendo realizados, mas os aproveita e sistematiza em uma primeira parte que nos leva a refletir sobre a relação entre o fenômeno da globalização e as novas exigências para uma "governança" que ultrapasse os limites do Estado-nação e altere as relações de poder, antes simplificadas em dois blocos ideológicos antagônicos, cuja hegemonia estava nas mãos de duas grandes potências: Estados Unidos e URSS.

Toda esta primeira metade responde a uma dupla preocupação. Por um lado, a chamada democracia liberal norte-americana e, por outro, o mandarinato moderno chinês. Os Estados Unidos, como democracia consumista com a análise das raízes históricas do constitucionalismo liberal preocupado com a meritocracia. A China, exibindo um processo decisório eficiente, que contempla o médio e longo prazo dos projetos, sem as restrições eleitorais próprias do outro modelo.

Como se se propagasse certo fascínio pelo mandarinato por sua capacidade para ver mais longe em termos de interesses gerais, mas sem prescindir deste elemento substancial de legitimidade que são as eleições livres e o respeito ao pluralismo político.

Nas conversas com os responsáveis chineses, emergem com mais clareza do que de uma visão distante os grandes desafios de seu próprio processo, cheio de contradições e tensões.

Esta parte termina com uma análise inteligente do impacto dos fenômenos mais ligados à revolução tecnológica e à globalização. O papel das redes sociais, o fenômeno da urbanização acelerada com a formação de megaurbes e o que se denomina dispersão das capacidades produtivas. Fatores extraordinariamente importantes para a governança: relações diferentes entre governantes e governados; concentrações humanas que tornam impossível que o poder representativo esteja sequer presente; ou estruturas econômicas e produtivas em que os limites do Estado são inoperantes ou inexistentes.

Depois deste percurso, que contrapõe os Estados Unidos e a China como referentes, a segunda parte tenta nos conduzir a propostas que os autores denominam de "Governança inteligente: teoria e prática". É aí que, depois da aproximação a princípios e padrões de comportamento para este propósito de governança inteligente, se realizam contribuições concretas e sugestivas para recuperar a funcionalidade da Califórnia.

O exemplo californiano é certamente o mais conhecido pelos autores. Alguma vez comentei com eles que, tendo em conta as dificuldades do governo californiano até para avançar rumo a uma estabilidade orçamentária razoável, estávamos diante do Estado falido mais rico em PIB per capita do mundo e o mais desenvolvido tecnologicamente.

A partir daí, os temas com os quais me senti mais envolvido são os contidos nos capítulos 7 e 8. "O G-20: governança global, de reuniões de cúpula internacionais a redes subnacionais" e "Europa: união política e déficit democrático".

Sobre o G-20 deve-se lembrar de que, apesar de seus defeitos, constitui o único embrião possível de certas regras de governança global em uma realidade interdependente em campos decisivos. Do financeiro e econômico ao meio ambiental. Vocês verão a análise e as propostas, mas principalmente constatarão que o G-20 é o reconhecimento claro da insuficiência do G-7 ou do G-8. Ou seja, como este Ocidente durante séculos hegemônico vai se encaixando na nova realidade de distribuição do poder no mundo.

O capítulo final está dedicado à Europa, o processo histórico mais bem-sucedido de supranacionalidade, de soberanias compartilhadas, que atravessa hoje uma crise interminável. Enfrentados ao desafio da crise econômico-financeira, com 17 países ligados por uma união monetária, mas sem união econômica, nem fiscal, nem bancária, os Estados da União se encontram na encruzilhada de avançar para a União Política, com legitimidade democrática; retroceder aos Estados-nação isolados e atacados por nacionalismos não solidários; ou continuar "eludindo o temporário", chegando sempre tarde e com pouco às respostas necessárias. Obviamente o livro aposta na única saída que permitirá à União Europeia sair desta crise com maior capacidade para se inserir na realidade global, recuperar relevância e defender o futuro dos cidadãos.

Um livro sugestivo, que nos obrigará a pensar, mesmo quando não se compartilharem algumas das análises e propostas.

Felipe González,
Ex-presidente do Governo da Espanha, 1982-1996
24 de setembro de 2012

Um dilema por resolver: interdenpendência ou soberania Westfaliana

Ernesto Zedillo

A globalização contemporânea oferece grandes oportunidades, mas também apresenta enormes desafios. Embora a responsabilidade maior por aproveitar estas oportunidades e superar estes desafios resida nas políticas e ações estritamente nacionais de cada país, também é verdade que para conseguir estes objetivos se exigem maior cooperação e coordenação internacionais – tanto para evitar que muita gente em muitos países fique marginalizada dos benefícios da globalização quanto para resolver problemas que por sua própria natureza só podem ser atendidos satisfatoriamente mediante a ação coletiva das nações.

Infelizmente, em ambas as frentes – nas da cooperação e da coordenação –, os esforços da comunidade internacional vieram se atrasando crescentemente em relação à cada vez mais intensa globalização das últimas três décadas. É muito preocupante que, a esta altura do século, praticamente todas as tentativas para melhorar a coordenação e a cooperação internacionais tenham fracassado.*

Os compromissos de cooperação estabelecidos na Declaração do Milênio e no Consenso de Monterrey não foram cumpridos totalmente. Este descumprimento ajuda a explicar o fato de que os chamados Objetivos de Desenvolvimento do Milênio estabelecidos para 2015, tal como as tendências, não vão ser alcançados em muitos países embora o crescimento de suas economias tenha sido maior do que se previa em princípios da década passada.

No que se refere a mitigar a mudança climática, é flagrante o descumprimento das metas do Protocolo de Kyoto e ainda mais preocupante que não se tenha podido acordar um regime posterior ao término da vigência deste tratado.

A Rodada de Doha da Organização Mundial do Comércio, que originalmente se acordou concluir em princípios de 2005, está praticamente inerte há vários anos e não se vislumbra nenhuma possibilidade de reanimá-la no curto prazo. Quanto à paz e segurança internacionais, apesar de esforços muito louváveis da Organização das Nações Unidas, ocorreram várias guerras regionais com enormes perdas de vidas humanas e grande custo econômico e, devido a outros conflitos, muitas outras gravíssimas crises humanitárias. A tentativa mais significativa em várias décadas para reformar tanto o Conselho de Segurança da ONU quanto outros importantes aspectos da organização não frutificou da forma como se propunha na Cúpula Mundial da ONU de 2005. O processo de desarmamento

---

* Para um inventário destes esforços ver: Frieden, Jeffry, Michael Pettis, Dani Rodrik e Ernesto Zedillo (2012), "After the Fall: the Future of Global Cooperation", International Center for Monetary and Banking Studies, Genebra.

e não proliferação nuclear paralisou, se é que não retrocedeu em muitos anos.

A crise financeira, que começou em 2007 com o colapso do mercado de hipotecas nos Estados Unidos e explodiu como uma crise global no outono de 2008, ainda continua conosco. Não é exagerado dizer que a economia global continua em uma rota de grave colisão.

Esta colisão só poderá ser evitada mediante a coordenação internacional, o que, aliás, se houvesse se dado bem e a tempo, teria evitado a presente crise. Esta observação não é realmente minha. Na primeira cúpula do G-20 realizada em novembro de 2008, os próprios chefes de Governo admitiram que políticas insuficientemente coordenadas e incongruentes haviam conduzido à crise que se desencadeou com enorme força naquele outono.

Aqueles que sustentam que a cooperação internacional tem um enorme valor para o interesse nacional de todos os países, incluindo os mais poderosos, recebem com grande entusiasmo os compromissos estabelecidos pelo G-20 durante suas três primeiras cúpulas. Infelizmente, embora provavelmente seja muito cedo para emitir um julgamento definitivo sobre a atuação do G-20, o balanço de seus ganhos é realmente pobre até agora e claramente não se obteve sua autodenominação como o "fórum mais importante da cooperação internacional".

A questão é que o dilema colocado pela coexistência de um mundo formado por nações com soberania westfaliana com uma necessidade cada vez maior de coordenação internacional para solucionar problemas de interesse comum, em vez de se resolver, exacerbou-se mais ainda.

Certamente, esta tensão obedece em parte a que a solução para estes problemas de interesse comum implica a devida provisão de bens públicos globais, tarefa inerentemente complexa.* Explica-se também pela existência de restrições internas de ordem política que devem ser enfrentadas pelos dirigentes de cada país para comprometer e executar as necessárias ações de cooperação e coordenação internacionais. Paradoxalmente, quanto mais difícil se torna a situação econômica global, maior é a cooperação internacional de que se precisa para atendê-la; no entanto, ao mesmo tempo os obstáculos políticos internos para concretizar esta cooperação se tornaram mais, não menos, difíceis de superar. Devido, embora não unicamente, à incapacidade dos líderes políticos para persuadir seus eleitorados dos benefícios da cooperação internacional, é palpável que na generalidade dos países há pouco apoio, quando não aberta oposição, para aprofundar esta cooperação.

Não se deve diminuir o peso da falta de visão, vontade e habilidade dos dirigentes políticos para explicar a evidente debilidade e insuficiência da chamada governabilidade global, mas também se deve reconhecer que os intelectuais, acadêmicos e analistas, com honrosas exceções, falharam em indagar as complexas implicações da globalização contemporânea para as instituições e políticas públicas. Não deveria então surpreender que os cidadãos na generalidade dos países sustentem opiniões mal informadas e atitudes erráticas com relação à crescente interdependência que vivemos em nosso tempo.

Esta insuficiência no conhecimento e atitudes dos cidadãos por sua vez afeta, como já disse, a capacidade dos próprios líderes políticos para disputar doméstica e inter-

---

* Para uma explicação do conceito e complexidades da provisão dos bens públicos globais consultar: International Task Force on Global Public Goods (2006), "Meeting Global Challenges: International Cooperation in the National Interest", Final Report, Estocolmo.

nacionalmente com os desafios emanados da globalização, incluindo o dilema essencial de governabilidade antes exposto. A falta de debate, pesquisa e propostas de novos caminhos de governabilidade para resolver os desafios da interdependência é notável e preocupante. Não se trata somente de que as democracias e outros sistemas de governo não estejam se adaptando para contornar as novas demandas que surgem da globalização, mas sim, além disso, de que os mecanismos multilaterais para a coordenação internacional criados depois da Segunda Guerra Mundial foram pouco ou nada reformados para o mesmo propósito.

Cidadãos e líderes políticos informados com debates sérios e análises rigorosas é uma condição necessária para obter uma adaptação mais inclusiva e menos conflituosa a um mundo com maior integração e interdependência econômica e geopolítica. O livro que agora nos entregam Berggruen e Gardels se soma de forma perspicaz a estes debates e, além disso, oferece algumas propostas muito sugestivas de como corrigir a governabilidade atrasada do nosso tempo. Seja, portanto, bem-vinda a contribuição destes autores.

Ernesto Zedillo Ponce de León,
Diretor do Centro de Estudos da Globalização da Universidade de Yale e ex-presidente do México

Agradecimentos

Ainda que os autores sejam inteiramente responsáveis pelo conteúdo deste livro, tivemos o privilégio de recorrer à verdadeiramente notável gama de líderes e pensadores ao redor do mundo que têm sido integrantes ativos dos três principais projetos do Nicolas Berggruen Institute: o Committee Think Long for California, o Conselho para o Século XXI e o Conselho sobre o Futuro da Europa. Eles são mencionados, respectivamente, nos capítulos 6, 7 e 8. Suas percepções, bem como sua vasta experiência na governança prática de suas sociedades, foram inestimáveis para a formatação de nossas ideias.

Se existe uma pessoa a quem deveríamos primeiramente agradecer, essa pessoa é Jacques Attali, aquele que nos apresentou um ao outro e que segue contribuindo com ideias estimulantes. Na Califórnia, a nossa dívida é com Bob Hertzberg, ex-orador da Assembleia e o "melhor governador que a Califórnia nunca teve", pela sua incansável energia aliada à rara visão em um político. Felipe González, Gerhard Schröder, Juan Luis Cebrián e Fernando Henrique Cardoso foram providenciais na fundação do Conselho para o Século XXI. Gordon Brown trouxe a mesma inteligência e escopo global que trouxe para sua presidência da cúpula do G-20, em Londres, quando seu mandato como primeiro-ministro do Reino Unido coincidiu com a crise financeira de 2008-2009. O trabalho de Mario Monti como primeiro-ministro no "espaço despolitizado" de um governo tecnocrático na Itália tem sido, de diversas maneiras, um teste da nossa abordagem à governança, e estamos profundamente agradecidos pela oportunidade de trocar ideias com ele no contexto europeu.

Damos valor especial àquilo que aprendemos com nossos colegas chineses – Zheng Bijian, Wu Jianmin, Zhang Yi e Feng Wei, em Pequim – e aproveitamos o tema estratégico de Zheng quanto a "construir uma convergência de interesses para criar uma comunidade de interesses" como um farol a guiar nossas iniciativas globais.

A poderosa polinização cruzada de ideias entre estudiosos do Oriente e do Ocidente, que levou Li Chenyang e Daniel A. Bell a se reunirem em Cingapura, na Universidade Técnica Nanyang, em janeiro de 2012, para discutir meritocracia política, também serviu de inspiração. Hoje ainda existe muito pouco desse tipo de engajamento aprofundado de visões de mundo. Nós nos beneficiamos dele imensamente.

Nossa associação a Eric Schmidt e Jared Cohen, do Google, abriu uma janela para o impacto dessa revolução de informação e mídias sociais sobre o tema da governança. Aqui na Califórnia, a proximidade com o Vale do Silício permitiu que tivéssemos diversas discussões para nos aprofundarmos mais nessas questões. Somos muito agradecidos a todos os participantes dessas reuniões na área da Bacia de São Francisco, as quais incluíram o estrategista da Microsoft, Charles Songhurst, o diretor do laboratório de mídia do MIT, Joichi Ito, os fundadores do e-Bay, Jeff Skoll e Pierre Omidyar, o criador do YouTube, Chad Hurley, o fundador do Twitter, Jack Dorsey, além de Shona Brown e Matthew Stepka, do Google.org. Em diversos momentos, participaram também das discussões o governador da Califórnia, Jerry Brown; Francis Fukuyama; a maior autoridade em tecnologia digital do Departamento de Estado dos Estados Unidos, o diplomata Alec Ross; o autor de *Transparent Society*, David Brin; e o ex-ministro do Exterior de Cingapura George Yeo.

Finalmente, somos profundamente agradecidos a Dawn Nakagawa, diretor executivo do Nicolas Berggruen Institute, sem cujo gênio logístico, profissionalismo, nervos de aço durante as inevitáveis crises e persistência teríamos ficado perdidos.

Introdução

Neste livro, examinamos como as melhores práticas de governança do Oriente e do Ocidente, desenvolvidas ao longo dos séculos em diferentes circunstâncias históricas e culturais, podem ser combinadas de forma a enfrentar os desafios comuns acarretados pela globalização.

Nós nos concentramos na China e nos Estados Unidos não como alternativas literais, mas como uma metáfora dos ganhos e perdas a serem considerados ao desenvolver um sistema constitucional misto que incorpore os elementos característicos de cada – respectivamente, orientação de longo prazo de elites meritocráticas e a soberania popular da democracia.

No primeiro capítulo, "Globalização 2.0 e os desafios à boa governança", comparamos as visões geopolíticas e geocivilizacionais de Ocidente e Oriente ante a transição em curso de uma globalização liderada pelos Estados Unidos para uma interdependência de identidades plurais. Também apresentamos o conceito de "governança inteligente" em resposta ao despertar político e cultural que é parte integral da mudança global. O nosso argumento é o de que a boa governança deve *delegar* poder e *envolver* os cidadãos de maneira mais significativa no comando de suas comunidades, ao mesmo tempo em que se legitima a delegação de autoridade através de uma *divisão de tomada de decisões* com instituições capazes de gerenciar os vínculos sistêmicos de integração.

No capítulo 2, "A democracia de consumidores dos Estados Unidos versus o mandarinato moderno da China", analisamos as atuais forças e fraquezas dos dois sistemas.

O capítulo 3 – "Constitucionalismo democrático liberal e meritocracia: possibilidades híbridas" – revisita os debates sobre as qualidades da meritocracia política versus a democracia eleitoral como formas de boa governança, abordando tópicos que vão das origens do sistema de exames chinês até as deliberações dos Pais Fundadores da América a respeito das armadilhas da democracia direta.

Também refletimos sobre algumas das afinidades entre o pensamento clássico ocidental e os pensadores do Iluminismo com os preceitos confucionistas e ponderamos a respeito de quais seriam os pilares de uma forma híbrida de governança, de modo a selecionar líderes por mérito, ainda que os submetendo à verificação por voto popular.

Depois de ter revisitado os velhos debates, no capítulo 4 os contextualizamos com relação aos mais recentes desafios e oportunidades apresentados pelo século XXI – redes sociais, a emergência da megacidade e a distribuição global das capacidades produtivas –, aos quais todos os sistemas de governança devem fazer frente.

Levando em consideração tudo o que foi dito, o capítulo 5, "Governança inteligente: princípios e modelo", é um exercício de imaginação política que propõe um projeto institucional para uma via intermediária entre Ocidente e Oriente – não um modelo que pretende ser válido para todo o mundo, mas uma sugestão ideal cujos princípios teriam de ser moldados conforme a circunstância específica.

Nos capítulos 6, 7 e 8 relatamos nossos esforços em fazer precisamente isto – adaptar os princípios da governança inteligente a condições altamente diversas, da Califórnia ao G-20, passando pela Europa.

O capítulo 9 situa nossa discussão no contexto histórico mais amplo possível, o da potencial emergência da primeira civilização verdadeiramente global – caso descubramos como tornar compatíveis nossos diferentes sistemas operacionais. Nosso título, "Sobrevivência dos mais sábios", resume tudo.

Uma vez que o livro trata de projetos vivos e em andamento, o leitor poderá acompanhar as atividades do Nicolas Berggruen Institute em http://www.berggrueninstitute.org.

Nicolas Berggruen
Nathan Gardels
Los Angeles/Paris, junho de 2012

Parte I
Globalização e governança

1

Globalização 2.0 e os desafios à boa governança

Introdução

"Oriente é Oriente, Ocidente é Ocidente." Hoje, porém, os dois se entrelaçam.

Todo mundo conhece as características contrastantes que dividem essas duas esferas de civilização: autoridade versus liberdade, a comunidade versus o indivíduo, os ciclos das eras versus o progresso histórico, e democracia representativa versus, no caso da China, o governo de um mandarinato meritocrático. No entanto, também sabemos que a China se tornou a fábrica do mundo e o maior credor dos Estados Unidos.

Neste livro abordamos esses dois mundos que Rudyard Kipling,* numa famosa frase, declarou que "nunca se encontrariam", dentro deste novo contexto histórico em que a China e o Ocidente estão mais intimamente ligados sem nunca terem deixado de ser enormemente distintos.

À medida que o Ocidente se afasta de seu secular domínio e o Império do Meio retoma seu sólido papel histórico, somos obrigados a olhar essa mudança de paisagem com lentes tanto ocidentais quanto orientais.

---

* Rudyard Kipling, "The Ballad of East and West". (N. da E.)

Se o leitor permitir a simplificação de algumas verdades fundamentais, a moderna mente ocidental tende a enxergar contradição entre opostos inconciliáveis como resolvível somente mediante o domínio de um sobre o outro. Seguindo os passos do filósofo idealista alemão Georg Wilhelm Friedrich Hegel,[1] foi essa a abordagem de Francis Fukuyama[2] quando argumentou o "fim da história", uma vez que o fim da Guerra Fria representaria também o triunfo da democracia liberal sobre ouras formas de governança humana. No entendimento geopolítico ocidental, territórios e ideologias só podem ser ganhos ou perdidos.

Já a mente oriental enxerga os aspectos complementares de um todo – o yin e o yang de que fala o taoismo – que devem ser continuamente equilibrados sobre uma base pragmática que dependendo de condições podem mudar. A história não tem fim. Os ciclos se sucedem à medida que as relações entre liberdade e autoridade ou entre o indivíduo e a comunidade encontram um novo equilíbrio. Na visão "geocivilizacional" do Oriente sobre o mundo, o incomensurável pode existir.

Quando diz de forma espirituosa que "o Tao é bem mais profundo do que Hegel", George Yeo, ex-ministro do Exterior de Cingapura e também um dos pensadores e realizadores mais importantes da Ásia, alude a esse contraste entre as mentes ocidental e oriental.

É a partir dessa perspectiva expressada por Yeo que este livro aborda os desafios de governança que tanto o Ocidente quanto o Oriente enfrentam como resultado da complexidade e diversidade da interdependência que nos une.

Com base nessa abordagem oriental pragmática e não ideológica, interessa-nos o que podemos aprender uns com os outros. A questão não é se a ordem por meio de um mandarinato meritocrático, enraizado na antiga "civilização institucional" chinesa, irá derrotar a democracia de moldes ocidentais ou vice-versa. A questão que se coloca é qual combinação de meritocracia e democracia, de autoridade e liberdade, de comunidade e de indivíduo pode criar o corpo político mais saudável e a forma de governança mais inteligente para o século XXI. Em realidade, nos perguntamos se existe sequer a possibilidade de uma nova "via intermediária".

A democracia se autocorrige?

A sabedoria convencional, porém não incorreta, do Ocidente é que, a despeito da impressionante realização de retirar da pobreza centenas de milhões de pessoas em apenas três décadas, o moderno mandarinato da nominalmente comunista China não é autocorretivo, o que implica que tampouco é sustentável. A menos que afrouxe suas rédeas autocráticas ao permitir mais liberdade de expressão e mais mecanismos democráticos, a fim de que haja mais prestação de contas e se ouça mais o que a população tem a dizer, a "dinastia vermelha" sucumbirá a uma decadência política terminal – com predomínio de corrupção, abuso de autoridade e estagnação –, assim como aconteceu com todas as demais dinastias ao longo da milenar história da China.

O que este livro observa de maneira não convencional é que, assim como vimos com o mercado financeiro, a democracia ocidental não se autocorrige mais do que o sistema chinês. Numa imagem espelho do desafio chinês, a democracia eleitoral de "uma pessoa, um voto" incrustada numa cultura de consumo baseada na gratificação imediata também está fadada à decadência política terminal a não ser que se reforme. Seguir o exemplo da experiência chinesa com a ordem meritocrática, estabelecendo instituições capazes de incorporar as perspectivas tanto de longo prazo quanto de bem comum, é crucial para a sustentabilidade do ocidente democrático. O argumento que vamos desenvolver neste livro é o de que restaurar o equilíbrio em cada sistema exigirá calibrar novamente as configurações políticas por meio de constituições mistas que combinem *democracia esclarecida* com *meritocracia que presta contas*.

Governança

Governança diz respeito a como os hábitos culturais, as instituições políticas e o sistema econômico de uma sociedade podem se alinhar para gerar a qualidade de vida desejada pela população. A boa governança se dá quando essas estruturas alcançam um equilíbrio que produz resultados efetivos e sustentáveis que sejam de interesse comum. A má governança resulta tanto de condições subjacentes que tenham mudado a ponto de práticas antes efetivas tornarem-se disfuncionais, quanto de a decadência política se instalar à medida que grupos de pressão organizados assumam preponderância – ou ambos. É quando as dívidas e os déficits tornam-se insustentáveis, os cartéis protecionistas solapam a pujança da economia, a corrupção corrói a confiança, a mobilidade social estagna e a desigualdade cresce. O consenso estabelecido perde legitimidade e começa o declínio.

Disfunção e decadência descrevem de maneira apropriada a situação de governança hoje encontrada em boa parte do mundo ocidental, cuja crise se estende do seu nascedouro na Grécia até o seu posto mais avançado, na Califórnia. Após séculos de ímpeto alimentado por uma confiança civilizacional interna, dívida, impasse político, indecisão e perda de legitimidade vêm paralisando a capacidade de a democracia liberal e as economias de livre mercado fazerem gestão de mudança. Aparentemente, tanto o ímpeto quanto a confiança mudaram-se para o Oriente. Como temos de fato notado, a democracia liberal do Ocidente está sendo questionada como melhor forma de governança por formas não ocidentais de modernidade, mais notadamente pelo mandarinato e capitalismo estatal da China. Todavia, sinais de decadência e disfunção já estão aparecendo por lá também devido à corrupção que avança e aos danos sociais, ambientais e mesmo espirituais que decorrem do notável sucesso chinês.

Da globalização 1.0 à 2.0

Os desafios resultantes da atual mudança no poder global, aliados a um rápido avanço tecnológico, são avassaladores tanto para os poderes que ascendem quanto para os que descendem. Todos os sistemas políticos estão de alguma forma experimentando desequilíbrio à medida que buscam ajustar-se aos sucessivos choques causados pela transição em curso entre o que chamamos de Globalização 1.0 e Globalização 2.0.

Nas décadas seguidas ao fim da Guerra Fria, a globalização liderada pelos Estados Unidos – a 1.0 – transformou o mundo de tal forma, por meio de um fluxo mais livre de comércio, capital, informação e tecnologia, que deu à luz uma nova fase: a Globalização 2.0.

"Nos últimos séculos, aquilo que um dia foi a periferia, primeiro da Europa e depois dos Estados Unidos, tornou-se o cerne da economia mundial", diz Martin Wolf, analista do *Financial Times*. "Agora, as economias da periferia reassumem um papel central. Isto está transformando o mundo inteiro... isto é de longe o fato mais importante do mundo em que vivemos."[3]

O Nobel de Economia Michael Spence corrobora esse ponto de vista. Conforme diz, o que vemos hoje são "duas revoluções dando-se de maneira paralela e interativa: a continuação da revolução industrial nos países avançados e a do padrão de crescimento súbito que se dissemina fortemente no mundo em desenvolvimento. Poderíamos chamar essa segunda revolução de Revolução da Inclusão. Depois de dois séculos de divergência acentuada, um padrão de convergência toma lugar".[4]

Essa grande *convergência* econômica e tecnológica que resulta da Globalização 1.0 também dá origem a uma nova *divergência* cultural à medida que os poderes emergentes mais prósperos buscam nos seus fundamentos civilizacionais a contrapartida para a minguante hegemonia do Ocidente. Uma vez que a pujança econômica implica uma assertividade cultural e política, a Globalização 2.0, acima de tudo, significa interdependência de identidades plurais em vez de um modelo único para todos. As uma vez reinantes democracias liberais do Ocidente são agora obrigadas a interagir, em nível mundial, não apenas com a China neoconfuncionista, mas também com as particularidades da democracia de orientação islâmica existentes no arcabouço secular da Turquia, que se tornou um modelo atraente para a recém-emancipada rua árabe. Em resumo, o mundo está retornando "ao pluralismo normal" que caracterizou a maior parte da história da humanidade.

Historicamente, uma mudança de poder de tal magnitude normalmente termina em colisão e conflito. Mas, dada a integração intensiva trazida pela globalização pós--Guerra Fria, também traz possibilidades inteiramente novas de cooperação e polinização cruzada ao longo da paisagem civilizacional.

Estamos, portanto, em uma encruzilhada histórica. A forma como iremos nos governar, nas próximas décadas, nos âmbitos nacional e internacional determinará qual desses caminhos o século XXI haverá de seguir.

O estabelecimento de um novo equilíbrio sob o sistema operacional da Globalização 2.0 representa um duplo desafio.

A complexidade de uma maior integração global do comércio, do investimento, da produção e do consumo, sem podermos nos esquecer dos fluxos de informação, requer maior capacidade técnica e política nos níveis megaurbano regional, nacional e supranacional, a fim de gerenciar os vínculos sistêmicos de interdependência hoje existentes. Todos terão a perder se tudo desmoronar. Ao mesmo tempo, a crescente diversidade que se deu com a disseminação global da riqueza, ampliada pelo poder participativo das mídias sociais, requer mais transferência de poder às bases, onde a população irrequieta clama por mais participação nas regras que norteiam sua vida. O despertar político que se faz notar em diversos lugares exige a dignidade de participação significativa.

O fracasso em encontrar uma resposta institucional a esse duplo desafio resultará numa crise de legitimidade para qualquer sistema de governo, seja pela incapacidade de funcionar propiciando crescimento inclusivo e emprego, seja porque um "déficit democrático" que cala diversas vozes da população irá minar um consentimento efetivo.

O ajuste desse equilíbrio, portanto, será fundamental para determinar a diferença entre sociedades dinâmicas ou engessadas e se o modus operandi global será o do conflito ou o da cooperação.

49

Tal equilíbrio pode ser chamado de "governança inteligente", pela maneira como transfere o poder aos cidadãos e significativamente os envolve em questões que lhes são pertinentes, enquanto procura legitimar e mesmo consentir que se delegue autoridade em níveis mais altos de complexidade. Transferência de poder, participação e divisão da tomada de decisões são os elementos-chave da governança inteligente capazes de reconciliar uma democracia informada com uma meritocracia que presta contas.

O entendimento do que seria esse equilíbrio adequado irá variar uma vez que diferentes sistemas políticos têm diferentes pontos de partida. Cada sistema deve ser reiniciado com base nas configurações culturais do sistema operacional usado no momento. Enquanto a China, conforme sugerido pela sabedoria convencional, precisaria de mais envolvimento participativo e de um mandarinato meritocrático mais disposto a ter capacidade de prestar contas, a fim de alcançar um equilíbrio, os Estados Unidos precisariam de uma democracia mais despolitizada na qual a governança com vistas ao longo prazo e ao bem comum teria de ser isolada do populismo dos prazos curtos próprios dos sistemas eleitorais "um homem, um voto". Em resumo, a China precisaria afrouxar enquanto os Estados Unidos precisariam endurecer.

Na Europa, a infraestrutura institucional necessária para completar a integração – uma união política forte porém limitada – deve ser investida de legitimidade democrática ou não contará com o apoio dos cidadãos europeus privados do direito de participação e, portanto, desencantados.

Na condição de mecanismo de ajuste da mudança global de poder que transcorre, o G-20, bem como as instituições da União Europeia, à semelhança do que foi dito, também deve ser investido de legitimidade pelos Estados-nação e seus bens públicos. Caso contrário carecerá de capacidade política para prover os bens públicos globais – uma moeda de reserva, a estabilidade do comércio e dos fluxos financeiros, a não proliferação nuclear, e medidas de combate à mudança climática – que nenhum Estado hegemônico ou conjunto internacional de Estados pode prover por si mesmo dentro da ordem multipolar da Globalização 2.0. Uma vez que proximidade confere legitimidade, neste caso o principal desafio é como tecer redes de localidades "subnacionais" para formar uma rede de governança global que venha a se tornar a alternativa do século XXI para a defasada ideia de um "Leviatá mundial" distante e opressivo.

Este livro procura abordar esta questão que é central à primeira metade do século XXI: como a boa governança pode estabelecer equilíbrio dentro das nações, bem como entre nações tanto nos níveis regional quanto global.

A fim de fazê-lo, examinaremos a concorrência dos sistemas – aquilo que chamamos de "democracia consumista" da América e o "mandarinato moderno" da China – como uma metáfora para identificar as compensações requeridas para alcançar o equilíbrio apropriado por trás da boa governança. Então proporemos um "modelo constitucional ideal misto" que seria um híbrido de democracia e meritocracia. Não querendo ser meros teóricos, depois relataremos a nossa experiência prática na implementação de tal modelo em circunstâncias altamente variáveis que vão do nível da Califórnia ao do G-20, passando pelo da Europa.

O argumento principal deste livro é o de que a governança tem importância determinante quanto a uma sociedade avançar ou regredir. Isso nunca foi tão verdadeiro quanto na transição da Globalização 1.0 para a 2.0. Se cidades, estados e nações não puderem navegar nas apressadas águas da mudança, colidirão contra as margens rochosas ou serão deixados para trás em águas paradas.

UM BREVE INVENTÁRIO DE DESEQUILÍBRIO

Todos estão sentindo as ondas de choque trazidas pela mudança. Nos Estados Unidos, a famosa "destruição" falada por Joseph Schumpeter[5] parece estar tão mais adiante da "criação" que a crescente desigualdade entre os que seguem em frente e os que ficam para trás está minando a fé tanto na democracia quanto no capitalismo, pondo os "99% contra o 1%" que está no topo da pirâmide social. O impasse partidário tornou-se a norma, dividindo a democracia contra si mesma e impedindo os políticos de agir.

Em todo o espectro político de Europa, Japão e Estados Unidos, dívidas e déficits ancoram no passado a imaginação política. Os sonhos de todos estão perdendo impulso.

A desunião na zona do euro quanto a como resolver a crise da dívida soberana tem levado ao questionamento do projeto de integração e do contrato social europeu. A fim de que recupere o seu equilíbrio, a Europa deve empreender todo o caminho de volta ao Estado-nação ou todo o caminho à frente rumo à união política. Preferindo ignorar o fracasso a devidamente encará-lo, o Japão está se aproximando de uma armadilha de aposentadoria às custas de sua riqueza acumulada. O país está consumindo sua economia doméstica sem pensar muito em como obter novo fôlego para a próxima geração.

Na China, os imperativos da transição da classe média para abandonar o modelo de crescimento baseado em investimento e exportação e buscar o consumo doméstico, e ao mesmo tempo a gestão dos danos colaterais sociais e ambientais que resultam do desenvolvimento acelerado, estão colocando à prova o seu até agora muito bem-sucedido mandarinato mercado-leninista. De forma mais espetacular, os autocratas árabes caíram feito dominós frente à fúria on-line da "juventude Facebook" e da ressurgência de islamitas reprimidos. Mesmo em Cingapura, discutivelmente o lugar mais bem-governado do planeta, o duradouro estilo paternalista de democracia de Lee Kuan Yew não tem sido poupado do crescente descontentamento dos cada vez menos passivos cidadãos desse Estado-babá.

Em nível global, a capacidade do G-20 para governança global tem sido constantemente dificultada em seus esforços para corrigir os desequilíbrios globais por hesitações soberanas. O local e o global permanecem afastados mesmo quando o interesse próprio em reacender o crescimento global exigiria uma cooperação mais robusta.

Em resumo, cada sistema está lutando para restabelecer o equilíbrio na emergente ordem pós-hegemonia dos Estados Unidos. Perceber o quanto os atuais desequilíbrios são consequência da expansão da integração global e do avanço tecnológico é chave para entender que tipo de instituições de governo estão mais bem-preparadas para projetar-se além da crise atual.

Uma análise exaustiva de como viemos parar aqui está além do escopo deste livro. Mas um pequeno esboço ajudará a estabelecer o cenário para a nossa discussão sobre governança.

A Globalização 1.0 "neoliberal" liderada pelos Estados Unidos difundiu globalmente a riqueza, ainda que de forma desigual, na esteira do fim da Guerra Fria. Os mercados se abriram. Bilhões de novos trabalhadores foram convidados e começaram a subir a escada da renda para afastar-se da pobreza. A difusão de novas tecnologias da informação aumentou dramaticamente a produtividade. Para uma parte considerável do Ocidente, em menor proporção para a Alemanha e o Japão, que mantiveram a sua base fabril e de engenharia, esse duplo desenvolvimento teve o efeito de esvaziar a classe média na medida em que a escala global dos mercados e a desregulamentação permitiram uma concentração de riqueza sem precedentes para alguns, notadamente no setor financeiro americano, o qual, em 2005, respondia por 40% de todos os lucros privados.[6]

Como um sintoma dos efeitos que se estenderam ao longo do setor fabril, a mão de obra barata chinesa, a esperteza na cadeia de suprimentos, a tecnologia dos microchips e da robótica uniram forças para deslocar os empregos sobre os quais a própria classe média americana se apoiava.

De acordo com um estudo influente feito por um grupo de economistas em 2012, um quarto "do declínio agregado do emprego fabril nos Estados Unidos" ao longo das últimas duas décadas deveu-se ao comércio com a China.[7]

Em 1960, a General Motors empregava 595 mil trabalhadores. No entanto, a despeito da forma vibrante como tomaram conta do globo e de sua receita contada em bilhões, os Googles e Twitters de hoje geram poucos empregos. O Facebook, por exemplo, que tem 1 bilhão de acessos num só dia, possui apenas 3.500 empregados. A Apple emprega somente 43 mil pessoas nos Estados Unidos, a maior parte em design, enquanto a fabricação de fato do seu iPhone se dá na China, ficando a cargo da Foxconn, que emprega 1,2 milhão de trabalhadores.[8]

Conforme demonstrado por Michael Spence,[9] 90% dos 27 milhões de novos empregos criados ao longo dos últimos vinte anos nos Estados Unidos foram gerados no setor não comercializável, principalmente empregos de remuneração baixa em varejo, saúde e serviço público, sendo que muitos dos empregos nesse último setor foram eliminados devido a cortes no orçamento e ao impacto tardio da recessão sobre as receitas estatais e municipais. Seja como for, um nível mais alto de instrução foi o fator mais determinante para situar num ou noutro lado do fosso da renda aqueles que detinham os empregos mais básicos e aqueles trabalhando em tecnologia da informação, design e demais setores de alto valor agregado.

Em 2009, segundo o ex-economista chefe do FMI Raghuram Rajan,[10] 58% da renda dos Estados Unidos estava nas mãos do 1% mais rico da população. Desde 1975, conforme seu relato, os salários dos 10% mais ricos aumentaram 65% mais do que os dos 10% mais pobres. Embora exacerbada por cortes de impostos para ricos durante o governo de George W. Bush, a causa estrutural desse crescente abismo salarial foi principalmente a dinâmica de criação e destruição observada num mercado de trabalho global que leva à deflação dos salários e na forma como a produtividade das novas tecnologias elimina muitos empregos.

Rajan ainda argumenta que essa degradação da classe média americana foi disfarçada pela bolha imobiliária alimentada pela disponibilidade de liquidez global – em grande parte devido à poupança da China –, que suprimiu os juros de longo prazo, e que tal situação ainda foi amparada pelo afrouxamento das políticas de crédito do Banco Central dos Estados Unidos (o Federal Reserve), que manteve os preços dos imóveis elevados até que a bolha estourou em 2009. De fato, manter o nível de vida dos vizinhos não se baseava no aumento de renda decorrente de empregos com salários decentes, mas nos empréstimos tomados por pessoas com renda em queda, que não puderam continuar pagando quando o preço das residências finalmente caiu.

Assim como a bolha imobiliária nos Estados Unidos sustentou o mito da mobilidade ascendente, os juros baixos ligados, por meio do euro, à produtividade e à prudência da Alemanha, junto com uma liquidez global exacerbada, levaram os Estados europeus, principalmente os do sul, a manterem níveis de bem-estar social e de serviços públicos situados além de suas possibilidades. A implosão da dívida soberana levou a que a lacuna agora ficasse exposta.

Para a China, a Globalização 1.0 significou centenas de milhões de pessoas abandonando a subsistência marginal e sendo atraídas para as megacidades, onde, pela primeira vez na história, vivem 50% dos chineses, os quais se encaminham para o status de classe média. Isso, por sua vez, tem exercido imensa pressão sobre o modelo autoritário de desenvolvimento para satisfazer tanto as aspirações dessa classe média ascendente por mais abertura e capacidade de prestar contas quanto as aspirações por mais igualdade do migrante e do pobre da área rural deixados para trás. A demanda por parte da população rural pelo estado de direito contra desapropriações de terras arbitrárias e injustamente recompensadas tem desencadeado rebeliões ao longo do território chinês, a mais notória tendo sido a de Wukan, em 2011. Revoltas contra a poluição industrial, tais como a de Haimen, na província de Guandong, mais ou menos na mesma época, atualmente também são frequentes na China.

Até no caso dos mais prósperos, o materialismo febril do enriquecimento glorioso tem levado muitos a questionarem o preço espiritual de uma busca tão obsessiva por prosperidade, o que por sua vez tem ocasionado um renascimento do confucionismo que aspira a renovar os pilares éticos da sociedade chinesa.

No geral, assim como a divisão do trabalho na fabricação de um produto como o iPad da Apple inclui designers, fornecedores e montadores distribuídos globalmente – confundindo a própria medição da balança comercial –, as velhas noções de Primeiro e Terceiro Mundos fundiram-se na Globalização 1.0 e levaram às realidades híbridas de países ricos com pessoas pobres e de países pobres com pessoas ricas. A integração de grandes cidades-regiões como polos de produção na divisão global de trabalho está esvaziando o interior rural e criando centros populacionais superpovoados – megacidades do tamanho de nações inteiras –, particularmente nas economias emergentes.

Buscando ajustar-se a esses deslocamentos, a China está traçando um caminho rumo à transição para a classe média enquanto os Estados Unidos estão percebendo a necessidade de restaurar a classe média. Conforme discutiremos mais a fundo no próximo capítulo, o descontentamento da classe média tanto ascendente quanto descendente ao redor do mundo conseguiu expressar-se ampla e facilmente, graças ao advento das redes sociais, mobilizando insatisfação de várias formas, do Tea Party ao Occupy Wall Street, passando pelas "crianças do Facebook" da praça Tahrir, assim como pelos indignados da Espanha e os ousados microblogueiros *weibo* da China.

A questão sobre como chegaremos ao futuro com base nesse presente traz uma série de paradoxos, uma vez que as práticas e instituições que funcionaram até aqui são agora aquilo que nos impede de seguirmos em frente.

Somente com uma nova calibragem das configurações dos sistemas políticos, a fim de estabelecer a boa governança, poderemos nos livrar dessa paralisia transversal.

2

A democracia de consumidores dos Estados Unidos versus o mandarinato moderno da China

Introdução

Zhang Weiwei, antigo intérprete de Deng Xiaoping e autor de *The China Wave: The Rise of a Civilizational State* (A onda chinesa: a ascensão de um Estado civilizacional),[1] tem certeza de que, devido à ascensão assombrosamente bem-sucedida da China, o debate-chave das próximas décadas não mais se concentrará em democracia versus autocracia ou meritocracia, conforme se deu do século XVIII ao XX. Ele argumenta que será em torno do que constitui boa governança versus má governança.

O propósito deste livro não é o de aclamar o sistema americano ou o chinês, mas o de avaliar quais características de cada um contribuem de maneira mais benéfica para a boa governança ou conduzirão para a má governança à medida que efetuamos a transição da Globalização 1.0 para a 2.0.

Uma comparação exaustiva de sistemas políticos, indo da rangente democracia burocrática da Índia à trôpega economia de mercado social da Europa, estaria além do escopo deste livro. O que de fato faremos será examinar os relativos pontos fortes e fracos do que chamamos democracia americana de consumo e moderno mandarinato chinês, como uma forma de analisar os elementos-chave necessários para alcançar os tipos de compromisso em governança que serão exigidos no cambiante panorama geocultural do século XXI.

Vamos olhar um de cada vez e depois perguntar se, a despeito dos imensamente diversos contextos culturais, tanto Oriente como Ocidente podem se beneficiar da adaptação, cada um à sua maneira, às características exitosas do outro.

Quando começava o século XX, Sun Yat-sen, o pai da China moderna, buscou mesclar as instituições da democracia ocidental com a meritocracia confucionista. Talvez hoje, à medida que a "ascensão do resto" desafia o domínio ocidental, a imaginação política possa mais uma vez estar aberta a novas ideias. Desta vez não serão apenas ideias ocidentais indo em direção ao Oriente, mas também ideias orientais indo em direção ao Ocidente – conforme, até certo ponto, foi o caso durante a ascensão do Ocidente no século XVIII, quando certos teóricos europeus consideraram Confúcio o "santo padroeiro do Iluminismo", dada a sua defesa de um governo que fosse exercido pelos esclarecidos e meritórios em oposição tanto ao monarca quanto às massas.

Ainda que tanto a China quanto os Estados Unidos tenham economias "capitalistas", seus sistemas operacionais de governo não poderiam ser mais diferentes. O sistema que opera hoje na América é o que chamamos de "democracia de consumo". O sistema operacional da China é um mandarinato semimeritocrático. E, é claro, a economia dos Estados Unidos é madura enquanto a da China, por mais que seja a segunda maior, ainda é, em larga medida, pobre e em vias de desenvolvimento.

Em suma, a "democracia de consumidores" americana tem um sistema político de "um homem, um voto" visando criar o espaço mais amplo para a liberdade pessoal e mercados livres, a fim de proporcionar da melhor forma possível a busca pela felicidade – algo mais ou menos definido nos tempos atuais como uma gratificação imediata e de curto prazo dos impulsos gerados pela cultura do consumo. O governo central submete-se ao estado de direito e é equilibrado mediante a divisão dos poderes em Executivo, Legislativo e judiciário, bem como pela autonomia dos Estados. Até a crise financeira de 2008-2009, a sabedoria reinante era de que os mercados se autorregulavam e se autocorrigiam. De forma que o governo era visto como um mal necessário mais do que como um bem necessário.

Ainda que governada exclusivamente por um nominal Partido Comunista, o sistema de governo chinês tem suas raízes no que o professor da Universidade de Pequim Pan Wei chama de "a civilização institucional do Império do Meio".[2] Muitas vezes referido como "neoconfucionista", esse sistema recorre ao legado milenar do governo pragmático das elites eruditas e experientes – os mandarins –, que se baseia no mérito, não na escolha pela população. Na era pós-Mao, não há ninguém na liderança coletiva que consiga subir sem antes ser testado mediante missões árduas nas províncias, treinamento na Escola Central do Partido e passagem pelo crivo do Departamento de Organização do Partido. O governo é visto como um bem necessário e de forma alguma como um mal. Seu objetivo principal é a promoção da estabilidade e da prosperidade em nome do bem comum, mesmo quando solta as rédeas do fervente materialismo contido na ideia de "enriquecer gloriosamente". Isolado das pressões de curto prazo das eleições populares e com controle sobre vastos recursos, o mandarinato moderno traça os destinos do país com décadas de antecedência.

A liberdade pessoal e a de expressão subordinam-se a tais metas. Em concordância com o legado confucionista da China, as autoridades (idealmente) têm obrigação moral de zelar pelo bem-estar dos cidadãos ainda que não – até aqui – de ter capacidade de prestar contas a esses mesmos cidadãos como num estado de direito. Estado *por* direito e não o estado *de* direito é a norma. Mesmo que a economia se sujeite a forças de mercado, tanto interna quanto globalmente, a mão forte do Estado conduz o mercado por meio de políticas industriais intervencionistas, manipulação do câmbio e extensa regulamentação. Sessenta por cento dos maiores setores são controlados pelo Estado. Como disse o ideólogo do Partido Hu Qili, em 1987, "o Ocidente não detém direitos de patente sobre o mercado".[3]

Enquanto a pergunta para a América é se o sistema político de "um homem, um voto", incrustado em uma cultura do consumo, é capaz de renovação e autocorreção, a pergunta para a China é se o moderno mandarinato do Partido Comunista é capaz de manter o atual embalo da China no século XXI sem mais mecanismos de feedback democráticos além da tolerância repressiva de sua *internetocracia vigilante* – a maciça pressão popular oriunda de cidadãos on-line que será discutida no capítulo 4. Será a modernização autoritária vinda de cima, que tanto sucesso teve na condução do crescimento chinês das últimas três décadas, baseado em investimento e exportação, capaz de fazer a transição para uma sociedade de classe média complexa, interconectada e consumista, ou será obrigada a ceder ante a modernização vinda de baixo?

Críticas e comparações

"Democracia é a pior forma de governo, com exceção de todas as outras formas experimentadas de tempos em tempos", disse Churchill num famoso pronunciamento à Câmara dos Comuns em 1947. O prestígio do grande estadista britânico, que se manteve firme quando o império estava em seus estertores, era tal que esse seu ponto de vista tornou-se parte da sabedoria convencional desde então.

De certa forma, Churchill se antecipou a Francis Fukuyama quando este declarou "o fim da história"[4] em 1989, postulando que a derrota do comunismo na Guerra Fria significava o triunfo da democracia liberal do Ocidente, a qual seria adequada a toda a humanidade.

Talvez seja o momento de lançar outro olhar sobre a democracia como a conhecemos, não apenas devido ao sucesso sustentável de formas de modernidade não ocidentais, notadamente em lugares como Cingapura e China, mas também porque o Ocidente em si mudou.

O próprio Fukuyama ajustou o seu veredicto histórico. Em uma edição especial do *Financial Times* publicada na China em 2010, ele escreveu:

> Há um problema mais profundo inerente ao modelo americano cuja solução não se vislumbra. A China se adapta rapidamente, tomando decisões difíceis e implantando-as efetivamente.
>
> Os americanos orgulham-se de ter freios e contrapesos constitucionais que se baseiam numa cultura política que desconfia de governo centralizado. Esse sistema tem garantido liberdade individual e um vibrante setor privado, mas que agora se encontra polarizado e ideologicamente rígido. No momento, não parece haver interesse em lidar com os desafios fiscais de longo prazo que os Estados Unidos enfrentam. A democracia na América pode ter uma legitimidade

inerente que falta ao sistema chinês, mas isso não servirá de modelo a ninguém se o governo permanecer dividido contra si mesmo e não puder governar. Durante os protestos de Tiananmen, em 1989, estudantes ergueram uma miniatura da Estátua da Liberdade para simbolizar suas aspirações. Que em algum momento do futuro alguém volte a fazer o mesmo na China dependerá da forma como os americanos encarem seus problemas no presente.[5]

Em uma conversa com Martin Wolf, Fukuyama foi além e comentou a desconfiança que o governo meritocrático desperta nas sociedades liberais do Ocidente.

> Isso é de fato um grande problema na administração pública ocidental, porque a boa governança é um tipo de fenômeno aristocrático. E não gostamos de mostrar deferência a especialistas nem de delegar autoridade a especialistas. Portanto, nós os cercamos com todas essas regras que limitam sua competência, porque não confiamos neles. Foi nos Estados Unidos que esse mal mais se propagou.[6]

Em um debate com o governador da Califórnia, Jerry Brown, e outros, organizado pelo Nicolas Berggruen Institute, em 2011, Fukuyama também lamentou a forma como a democracia liberal nos Estados Unidos decaiu para uma "vetocracia" disfuncional.[7] Seguindo a tese central de Mancur Olson em *The Rise and Decline of Nations* (Ascensão e decadência das nações),[8] Fukuyama argumentou que grupos de interesse bem-organizados, dedicados a não abrir mão de sua parte dos despojos, por meio de lobbies e contribuições para campanhas eleitorais, apossaram-se dos processos legislativos e orçamentários. Quer sejam sindicatos de servidores públicos, quer sejam entidades do setor financeiro opostas à regulamentação, o fato é que o peso de sua opinião, ou mesmo de seu veto, excede em muito o peso da opinião de eleitores individuais desorganizados.

A "vetocracia", diz Fukuyama, "na verdade, impede a governança e gera déficits". Essa afirmação teve um significado especial para o governador Brown, que em 2011 não conseguiu obter os necessários dois terços da legislatura californiana até mesmo para permitir que a população votasse sobre aumento de impostos.

Em vez de ser capaz de investir no futuro comum, como tem feito a China, o sistema político na Califórnia – e nos Estados Unidos como um todo – termina sujeitando-se a anseios populistas de curto prazo e servindo àqueles com cacife para que seus interesses prevaleçam. Nesse sentido, a democracia é um voto no passado porque é um voto nos interesses criados no presente.

A crítica que faz Fukuyama coincide em boa medida com a visão dos críticos chineses que argumentam contra a introdução da democracia liberal "um homem, um voto" nesta imensa nação precisamente porque sua inevitável captura "pelos interesses especiais e de curto prazo" minaria a capacidade de o Estado decisivamente levar adiante o interesse geral num longo prazo. Para esses críticos, a China nunca teria sido capaz de alcançar o milagre de seu desenvolvimento econômico a uma velocidade sem precedentes por meio da democracia. Para eles, a democracia liberal dificilmente será o futuro e estaria a caminho de ser um experimento de curto prazo na longa história das civilizações.

O empresário e estudioso de Xangai Eric X. Li é um daqueles que enxergam o "fracasso próximo da democracia". "A democracia americana tem 92 anos de idade (isto é, desde o sufrágio feminino em 1920) – um período, até agora, mais curto que a mais curta de todas as dinastias chinesas", diz Li em um de seus textos.[9] "Por que acontece, então, de tantos se atreverem a declarar terem descoberto o sistema político ideal para toda a humanidade e que o seu sucesso está para sempre garantido?" E ele continua:

> Os americanos, hoje, não são diferentes dos soviéticos do século passado, no sentido de que ambos viam seus sistemas políticos e ideologias subjacentes como fins supremos. Os chineses estão no caminho oposto, o do pragmatismo, e serão mais ou menos democráticos dependendo dos resultados. A história não prevê nada bom para o caminho americano.

É claro, são muitos os que têm dúvidas razoáveis de que os melhores e mais brilhantes integrantes da nata chinesa sigam fomentando o incrível progresso dessa nação enquanto ela se modifica como sociedade e amadurece até se transformar em uma economia mais complexa e avançada. É sabido que a corrupção está fugindo do controle, particularmente no nível local, e especialmente na esteira do estímulo de quase um trilhão de dólares da China depois da crise financeira de 2008-2009. A população tem se ressentido com os privilégios da principesca prole dos altos membros do Partido, bem como com a arrogância dos novos-ricos, que estão bebendo mais Bordeaux que qualquer um no resto do planeta. Devido à falta de transparência e às obscuras conexões com incorporadores imobiliários, revoltas contra a autoridade arbitrária e a corrupção dos funcionários locais têm se espalhado por toda a China. Mais de 230 milhões de usuários de microblogs *weibo* manifestam, diariamente, sua insatisfação quanto a temas que vão do acidente com o trem-bala em Wenzhou* ao leite contaminado ou à poluição em Pequim, a despeito do quanto as pesquisas oficiais afirmem que 70% da população aprova o rumo tomado pela China.

Os críticos observam que, por mais que um maciço investimento estatal em infraestrutura leve a um rápido crescimento num primeiro instante, isso pode implicar um vasto desperdício de recursos em excessos de construção ao mesmo tempo em que a urgente necessidade de uma rede de seguridade social e saúde permanece insatisfeita. Todos sabem da existência das "cidades vazias" como Ordos, na Mongólia Interior, e dos 80 milhões de unidades residenciais desocupadas que estão deflacionando a bolha imobiliária e apresentando a ameaça de um "pouso forçado" depois de anos de crescimento espetacular.[10] Isso sem mencionar a contínua repressão aos dissidentes, sejam desconhecidos ou famosos, como o artista Ai Weiwei, que levou o ex-presidente Bill Clinton a declarar que "a China está do lado errado da história".[11]

A China pode de fato estar do "lado errado da história" no que diz respeito à liberdade individual, mas o lugar dos Estados Unidos no lado certo da história e o papel da democracia liberal não estão de modo algum garantidos. As condições históricas mudaram, tanto dentro dos Estados Unidos quanto no mundo ao seu redor. Apesar da alardeada capacidade das democracias de se autocorrigir, é possível que isso seja tão discutível quanto a capacidade de o livre mercado fazer o mesmo.

Hoje os Estados Unidos não são mais o que habitualmente se entende por "democracia industrial", assim como

---

* Após o desastre de Wenzhou em julho de 2011, a blogosfera chinesa inundou-se de comentários sobre a falta de segurança dos tão falados trens-bala chineses e rumores sobre um encobrimento das causas.

também já não é a aristocracia rural da qual originalmente se conceberam o sistema político americano e sua constituição – que mudaram pouco, a despeito do sabido ponto de vista de Thomas Jefferson segundo o qual as constituições normalmente se esgotam depois de mais ou menos vinte anos. Jefferson acreditava que os vivos, não os mortos, deveriam estabelecer as regras pelas quais são governados.

Longe da homogeneidade isolada e da pequena escala das sociedades tradicionais, com suas virtudes locais mundanas, ou mesmo do tempo em que capital e trabalho confrontavam-se ao longo das barricadas ou por meio de disciplinados partidos de massa, hoje os Estados Unidos são uma "democracia de consumidores" altamente diversificada, culturalmente híbrida, urbanizada e densamente interconectada, além de ser um país predominantemente de classe média. Os Estados Unidos, em grande medida, se tornaram uma economia de serviços e informação na qual as compras do consumidor respondem por 70% do PIB.

Acima de tudo, a prática da democracia eleitoral de "um homem, um voto" ainda não acertou as contas com as consequências de longo prazo do casamento, posterior à Segunda Guerra Mundial, com a ideologia do consumismo.

Os sistemas democráticos são concebidos para dar à maioria o que quer quando quer. Os americanos querem sua liberdade e seu direito à busca da felicidade, com frequência definida como a plenitude do consumo. E o querem agora.

Por natureza, a escolha do consumidor é de curto prazo e em proveito próprio. Em particular após ter vencido a Guerra Fria contra um regime soviético que sacrificava o bem-estar atual de sua população em nome das "róseas nuvens da utopia", no dizer do poeta Yevgeny Yevtushenko,[12] a cultura triunfante da superpotência americana deliberadamente esqueceu-se de como se lembrar do futuro. Tinha confiança de que a democracia eleitoral e de que a liberdade de escolha no mercado guiariam a sociedade ao seu lugar de direito na história.

Intensificada pelas novas tecnologias da era da informação, essa dinâmica da escolha em proveito próprio é o que em boa medida alimentou o deslocamento de poder "Facebook & amigos", que está deslocando a autoridade social, política e cultural no sentido descendente e externo, na direção de diversas redes formadas por ideias afins, minorias organizadas e o próprio indivíduo.

Embora ninguém fosse desdenhar dos consideráveis confortos e conveniências do consumismo, um imperante etos social que seja autocentrado e de curto prazo inevitavelmente tende a eclipsar qualquer perspectiva de interesse a longo prazo e pelo bem comum. Todos os sinais de crítica construtiva em uma democracia de consumo – a política, a mídia, o mercado – conduzem o comportamento rumo à gratificação imediata.

Nessa cultura *Coca Zero,* pessoas demais, tal como ficou demonstrado pela bolha imobiliária das hipotecas *sub-prime,* começaram a querer consumir sem poupar nem estudar, e ter infraestrutura e seguridade social sem pagar impostos, assim como esperavam doçura sem calorias em um refrigerante. É fácil enxergar a partir desta dinâmica como a "racionalidade do varejo" do egoísmo pode contribuir para a "loucura por atacado", de bolhas exuberantes, montanhas de dívidas e da crise fiscal.

Ao se colocar a serviço deste etos da gratificação imediata, a política passa a tratar não da próxima geração, mas da próxima eleição. A acrimônia partidária, enraizada na rigidez ideológica, compete pela lealdade dos extremos que determinam os resultados de eleições nas quais os apáticos se abstêm e os centristas desdenham. A manipulação do sentimento populista de curto prazo pelo dinheiro de grupos de pressão, sancionados pela Corte Suprema dos Estados Unidos como "liberdade de expressão", tem corrompido ainda mais tanto a democracia direta quanto a representativa. As campanhas eleitorais são manipuladas com excessiva facilidade por aqueles com recursos para distorcer um discurso honesto.

O poder dos interesses de curto prazo é tão grande que, mesmo com a imensa consagração popular de seu mandato na esteira do colapso financeiro de 2008-2009, o presidente Barack Obama não foi capaz (uns diriam que não se dispôs a isso) de rerregulamentar o sistema bancário "grande demais para quebrar" que deflagrou a crise. As maiores empresas, tais como o Bank of America e o JP Morgan, têm agora até mais ativos do que antes. David Stockman, diretor de Orçamento durante o governo de Reagan,[13] culpou a versão americana de "capitalismo clientelista", uma vez que têm sido as mesmas pessoas a passar pela porta giratória que separa a Casa Branca de Wall Street, influenciando o sistema político a proteger uma visão de mundo que coincide com seus interesses privados.

A democracia, tal como evoluiu nos Estados Unidos, portanto, não parece estar dotada de maior capacidade de corrigir a si mesma do que os mercados livres, os quais, como George Soros[14] exaustivamente argumenta, tendem ao desequilíbrio, não ao equilíbrio.

Além disso, o ciclo da mídia 24 horas/sete dias por semana agita o sentimento populista e vende sensualidade, a fim de "monetizar" a atenção dos consumidores dispostos a mudar de canal ou clicar o mouse. A mídia social aproxima mais do que nunca as tribos de ideias afins. A deliberação sobre as grandes questões diminui à medida que as plataformas de mídia se deslocam rumo às pequenas telas móveis projetadas para bate-papos convenientes com os amigos ou para mostrar vídeos de entretenimento. Ainda que a conexão seja contínua, a comunicação mantém-se cada vez menos exterior ao nicho pessoal. O *textistencialismo* tornou-se uma filosofia prática: "Envio mensagens, logo existo." Conforme os cientistas sociais já haviam previsto, maior largura de banda implicou menos escopo de informação.

Muitas empresas, que em outra época fizeram fortuna de forma continuada com base em reinvestimento por mais de um quarto de século, se concentram cada vez mais no relatório trimestral e nas flutuações diárias da bolsa. O setor financeiro prospera tanto por meio da busca de lucros instantâneos resultantes de pequenas margens de grandes transações como por meio do levantamento de capital para satisfazer necessidades de investimento.

Há quase quarenta anos, muito antes da bolha de crédito que quase derrubou o sistema financeiro ao estourar, o sociólogo Daniel Bell teorizou, de forma premonitória, em sua obra seminal *The Cultural Contradictions of Capitalism* (As Contradições Culturais do Capitalismo),[15] que o crédito fácil e o consumismo imediatista minariam a disciplina de gratificação diferida e de trabalho árduo que fez do capitalismo liberal o maior motor de prosperidade da história. A economista Dambisa Moyo[16] notou, de maneira semelhante, que, ao investir mais recursos em imóveis familiares e automóveis que em infraestrutura pública e outros investimentos, os Estados Unidos minaram sua capacidade de competir com as economias emergentes, particularmente a China, que fizeram isso.

Em uma democracia de consumo, predisse Bell, há pouca capacidade política para uma prorrogação disciplinada de gratificação e para o pensamento e o planejamento de longo prazo, assim como a continuidade de governança que vem associada.

Como pergunta Michael Hiltzik[17] em seu livro *Colossus*, os Estados Unidos de hoje seriam capazes de congregar visão, vontade e recursos necessários para investir em maciços projetos de infraestrutura como a represa Hoover?

Como frequentemente vem a ser o caso, a essência é revelada pelo extremo. Todo mundo pode ver que a experiência de democracia direta sem mediação na Califórnia, onde as iniciativas populares dominam a governança, se provou desastrosa. Esse valioso recurso popular, originalmente concebido para contrabalançar o poder dos barões das ferrovias californianos no início do século XX, tornou-se, no entanto, uma maneira de perpetuar os grupos de pressão e o populismo de curto prazo. Como pergunta retoricamente o ex-ministro da Suprema Corte da Califórnia Ron George: "Terá a iniciativa do eleitor se tornado precisamente a ferramenta dos grupos de pressão que se supõe que deveriam controlar, e um impedimento para o efetivo funcionamento de uma sociedade verdadeiramente democrática?"[18]

A combinação de grupos de pressão com a mentalidade de curto prazo do eleitor deixa as finanças do estado de mãos atadas, na medida em que mantém os custos intocáveis e deixa de fora possíveis fontes de renda pública. Incapaz de superar a divisão partidária e o poder dos grupos de pressão, a legislatura tem lidado com o problema por meio de medidas tapa-buracos de curto prazo e extensiva tomada de empréstimos. Como resultado, hoje a Califórnia está atolada em dívidas e em um estado de paralisia política. Ao longo dos anos, uma série de iniciativas, que tem reduzido os impostos sobre a propriedade e buscado punir criminosos, tem demonstrado como o interesse próprio racional na urna de votação se revela, no atacado, um somatório irracional de consequências indesejáveis: a Califórnia que se costumava enxergar como o "Estado de Ouro" da oportunidade hoje gasta mais em prisões que em ensino superior (11% e 7,5% do orçamento de 2011, respectivamente), minando os próprios alicerces do futuro.[19]

Sem uma significativa reforma na maneira de garantir a governança, a Califórnia vem enfrentando déficits orçamentários anuais na casa dos bilhões. A excessiva dependência populista na estreita base fiscal proporcionada pela população de renda mais alta significa orçamentos excedentes em anos bons e quedas brutais em anos de desaceleração econômica. Não há nenhum amortecedor que garanta recursos para tempos de vacas magras. Toda renda é gasta assim que entra. Investidores consideram os títulos da Califórnia mais arriscados que os do Cazaquistão. Quase 8% do orçamento estadual se destina a pagar o serviço da dívida. Assim como em Londres e Atenas, estudantes protestam contra aumentos de anuidades e turmas canceladas. Professores do ensino fundamental estão sendo demitidos. Prisioneiros estão sendo soltos. (Em maio de 2011, a Suprema Corte dos Estados Unidos ordenou a soltura de 30 mil condenados porque a superlotação violava seus direitos humanos.) Serviços de saúde para pobres e idosos estão sendo cortados.[20]

Pior ainda, a Califórnia não investiu substancialmente em infraestrutura nas últimas cinco décadas, ou seja, desde o fim dos anos 1950 e começo dos 1960, quando construiu canais de escala faraônica para trazer água do norte úmido ao árido sul; um sistema universitário de nível internacional integrado a um plano mestre educacional englobando o estado como um todo; e milhares de quilômetros de autoestradas interconectadas. Foram esses os pilares que permitiram que o Estado de Ouro se tornasse a nona economia mundial. Mesmo enquanto Google e Facebook prosperavam e o valor do metro quadrado de residências de uma só família dobrava, deixou-se a infraestrutura pública desmoronar. Estima-se que o déficit de infraestrutura do estado seja de 765 bilhões de dólares.[21]

Em 2011 tais verdades ficaram tão evidentes que a *Economist* dedicou uma matéria de capa ao Estado de Ouro com este título: "Onde tudo começou a dar errado: um relatório especial sobre a democracia disfuncional da Califórnia."[22]

Certamente, nenhum sistema de governo pode perdurar sem o consentimento interessado dos governados. Todavia, tampouco poderá perdurar, como entenderam todos os sábios da política de Platão a Madison, quando governado pelo "apetite" popular (no dizer de Platão).

Uma vez que os apetites e os hábitos culturais do consumismo penetraram de maneira tão disseminada nas instituições americanas como um todo, fica evidente que uma evolução da própria democracia se faz necessária para temperar os excessos com um novo conjunto de freios e contrapesos. A chave para a restauração da boa governança, portanto, é o estabelecimento de formas institucionais de crítica construtiva que favoreçam o longo prazo e contrabalancem o etos da gratificação imediata.

A China está onde a Califórnia estava

Tudo isso contrasta de forma acentuada com o principal credor dos Estados Unidos, a China, que hoje investe pesadamente em seu futuro da forma como a Califórnia e os Estados Unidos fizeram cinquenta anos atrás, construindo trens-bala que irão conectar 80% da população, extensos sistemas de metrô sob suas megacidades e um sistema universitário inspirado no Estado de Ouro. A China também assumiu a liderança na energia solar e em diversas outras tecnologias de energias renováveis, liderança tomada daquele que é o mais sensível estado dos Estados Unidos em questões ambientais.

Nada disso significa que a China não tem sérios problemas ou que os Estados Unidos não têm pontos fortes. Consiste em dizer que a governança tem importância para determinar o quanto um estado ou nação avança ou retrocede. E também levanta a questão sobre se as fragmentadas e endividadas democracias consumistas do Ocidente, tomadas por seus hábitos de consumo e horizontes políticos de curto prazo, estão se tornando ingovernáveis ao passo que a liderança unificada, com visão de longo prazo, da autoritária China, a despeito de seus imensos desafios, está levando esse país ao futuro de maneira ousada e decidida.

Os Estados Unidos são os tomadores de empréstimos e os consumidores cuja economia foi dominada pelas finanças e pelos serviços ao mesmo tempo em que a desigualdade crescia dramaticamente. A China é o investidor e exportador cuja economia ainda está se industrializando, onde ainda há muita pobreza e extrema desigualdade.

Essa dinâmica contrastante entre dois sistemas que colidem tem criado um desequilíbrio na economia global que, se não corrigido, ameaça a paz e a prosperidade que até agora têm sido alcançadas pela globalização. Essa correção não pode ser somente econômica, mas depende, também, de novamente calibrar os sistemas políticos tanto no Ocidente quanto no Oriente.

Um equilíbrio sustentável só pode ser alcançado ao se desfazer a maneira como as desigualdades chinesa e americana têm se alimentado mutuamente – uma economia de exportação baseada em baixos salários que acumula imensas reservas justamente por causa do excesso de consumo de uma classe média estadunidense, a qual preenche as lacunas de seu status declinante por meio de empréstimos a juros trazidos abaixo pela liquidez da China, apoiada anos a fio por políticas complacentes do Federal Reserve.* Boa governança significa ser capaz de realizar a transformação longe desse estado de coisas.

O mandarinato moderno da China

No caso da China, recalibrar o sistema político poderia significar uma imprensa mais livre para monitorar o desempenho do governo, suplementando o poder participativo da *internetocracia* ativa do país, a institucionalização do estado de direito por meio de um Judiciário independente, e uma prestação de contas mais ampla frente ao eleitorado para verificar o abuso de autoridade por parte de lideranças

---

* Richard Dobbs e Michael Spence argumentaram, no entanto, que o "excesso de poupança" foi causado principalmente pelo declínio dos investimentos em escala global, como infraestrutura e maquinário, o que conduziu a uma queda de demanda por capital que foi superior às possibilidades de crescimento da China e de outras economias emergentes (R. Dobbs e M. Spence, "The Era of Cheap Capital Draws to a Close", *Financial Times*, 31 de janeiro de 2011).

Como relatou Martin Wolf, Mervyn King, governador do Banco da Inglaterra, escreveu no Relatório de Estabilidade Financeira do Banco da França de fevereiro de 2011 que o fluxo "ladeira acima" de capital dos "países pobres aos países ricos na forma de ativos supostamente seguros teve consequências importantes: a redução das taxas de juros reais; o aumento do preço dos ativos, sobretudo das residências em vários países, entre eles os Estados Unidos; a intensificação da busca da rentabilidade; uma onda de inovação financeira para criar maior rentabilidade, mas ativos supostamente seguros; um crescimento acentuado na construção de moradias e, em última instância, uma gigantesca crise financeira". (M. Wolf, "Waiting for the Great Rebalancing", *Financial Times*, 5 de abril de 2011).

políticas locais, incorporadores imobiliários ou por industriais. Com um Estado de partido único e uma rotina de repressão, a China certamente não é uma sociedade aberta, e ainda tem um longo caminho pela frente até migrar do estado por direito ao estado de direito. No entanto, a porta está muito mais entreaberta do que alcança a percepção ocidental.

Um Estado do bem-estar social que abranja toda a nação, salários mais elevados (inclusive por meio de sindicatos mais autônomos) e reforma do sistema habitacional *hukou* de modo a que migrantes possam ter acesso a serviços urbanos seria algo que iria outorgar mais poder ao setor de construção vis-à-vis o manufatureiro, ajudando a reorientar a potência chinesa a passar do crescimento baseado na exportação ao aumento do consumo interno.

Conforme observado por Stephen Roach,[23] do Morgan Stanley, a China tem um longo caminho pela frente na construção de sua rede de seguridade social. Ele assinala que, em 2009, o Fundo Nacional da Previdência tinha apenas em torno de 100 bilhões de dólares em ativos sob sua gestão, ou em torno de 110 dólares por trabalhador no que tange a benefícios de aposentadoria para o resto da vida. O seu plano nacional de saúde de 850 bilhões de renminbis se traduz em apenas trinta dólares per capita ao longo dos próximos anos.

A China poderia aprender com as políticas dos pioneiros do desenvolvimento asiático – Japão, Coreia do Sul ou Taiwan –, onde a renda é mais bem-distribuída como consequência de um estado de direito confiável, sindicatos com direito de negociação, uma rede de seguridade social crível, além de altos e amplos níveis de investimento em educação e conhecimento. Uma distribuição mais igualitária de renda e algum sentido de previdência social em um mercado em

desenvolvimento como o da China estimulariam amplamente um maior consumo.

No momento atual, George Yeo, de Cingapura, tem
toda a razão quando diz que o "mandarinato dos tempos
modernos" da China é, em nível nacional, imensamente
meritocrático e projetado para o avanço da nação chinesa
como um todo. No entanto, o grande desafio, à medida que
a China busca negociar uma transição para a renda média, a
exemplo de seus vizinhos modernizados, é se o mandarinato
de partido único, o qual competentemente fez com que o
Império do Meio deixasse de ser uma economia de campe-
sinato e se tornasse a fábrica do mundo, será capaz de abrir
mão de suas raízes maoistas e responder às novas condições e
eleitorados que está criando. A famosa tese de Samuel Huntington em *Political Order in Changing Societies*[24] (Ordem
Política e Sociedades em Transformação) era a de que as agi-
tações, quando não a própria revolução, inevitavelmente ir-
rompem quando as crescentes aspirações sociais não se veem
satisfeitas pela evolução das instituições políticas.

A menos que mude suas políticas rumo a mais abertura e capacidade de prestar contas e considere os interesses da sua classe média ascendente, enquanto preenche a
lacuna da desigualdade, a China corre o risco de terminar
no beco sem saída da estagnação muito antes de alcançar a
prosperidade. Ainda que não proponha evolução política,
o 12º Plano Quinquenal do país esboça precisamente esse
caminho, tornado mais urgente pelo fato de que nem os
Estados Unidos nem a Europa – lugares onde o crescimento
tem se desacelerado à medida que ambos desestimulam sua
dívida soberana – podem continuar a desempenhar o papel
de consumidor de última instância para a China.

A China também está se urbanizando numa escala e
velocidade nunca antes vistas na história da humanidade.

Nos tempos de Mao, apenas 20% da população vivia em cidades. Hoje, são 50% e serão de 80% a 90% nas próximas décadas.

Com mais de um bilhão de habitantes, porém com menos terra arável que a Índia e dependendo da importação de energia, a China embarcou num esforço colossal para organizar sua imensa população em eficientes megacidades com dezenas de milhões de habitantes. O McKinsey Global Institute[25] antecipa que haverá pelo menos 15 dessas megacidades com 25 milhões de habitantes – cada uma com uma população equivalente à de um país de dimensões consideráveis.

Uma vez que a revolução concentrou a propriedade da terra nas mãos do Estado, as autoridades chinesas dispõem de um caminho bastante aberto para moldar cidades que acomodem tantas pessoas, planejando a infraestrutura urbana com trens de alta velocidade, aeroportos de última geração, metrôs de profundidade, parques industriais, universidades e mares de arranha-céus.

"Embora a política na China vá mudar radicalmente à medida que o país se urbanize", conforme diz George Yeo, "é pouco provável que o princípio central de uma elite burocrática que mantém unido o país inteiro mude. Demasiadas funções estatais que afetam o bem-estar do país como um todo dependem de coordenação central. A lembrança histórica é a de que uma China dividida sempre resulta em caos".[26] No entanto, sem o software cívico de uma capacidade de prestar contas incrementada e transparência que complemente a escala de seu hardware de infraestrutura, será a elite burocrática chinesa capaz de responder às necessidades, expectativas e aspirações de uma população urbana que floresce e prospera? Conseguirá o mesmo sistema de partido único, que obsessivamente se concentrou num crescimento baseado na exportação, gerenciar os interesses diversificados de uma população mais instruída e interconectada?

A simples magnitude dos desafios da China obriga a liderança – forçada a pragmaticamente encontrar soluções tanto com base na ética confucionista como na necessidade de manter a frágil legitimidade do Partido Comunista – a se levantar todas as manhãs e tentar descobrir como vão encontrar emprego para os próximos 600 milhões de pessoas sendo incorporados às gigantes megacidades que precisam de tudo, de infraestrutura e agências de bem-estar social a clínicos gerais. Em uma conversa que teve conosco em Pequim em junho de 2011, o poderoso ex-vice-presidente da Escola Central do Partido Zheng Bijian nos disse: "A governança social das cidades é o que preocupa o Partido." Certamente, é normal que se pergunte como a China seria capaz de alcançar esses grandes desafios sem um partido bem-organizado para traçar um caminho e ater-se a ele, embora tenha que fazer ajustes à medida que os fatos o obriguem.

À sua maneira, as cidades-nação de Cingapura e Hong Kong mostraram à China o caminho a seguir. Ao mesmo tempo em que mantém um forte viés meritocrático na governança, nos últimos anos Cingapura tem se aberto consideravelmente como polo cosmopolita da economia global. E, mais importante, seu governo consistentemente trabalha para o bem-estar dos cidadãos, vigilantemente monitorando a corrupção enquanto mantém canais abertos de participação, mesmo que careça de uma concorrência pluripartidária robusta. Pela primeira vez desde que tomou o poder em 1965, na eleição de maio de 2011, o situacionista Partido da Ação Popular (PAP), fundado por Lee Kuan Yew, perdeu para a oposição diversos e importantes assentos parlamentares, levando a uma maior abertura do sistema político. Diferentemente da China, Cingapura permite o embate político nas mídias sociais.

Ainda que seja parte da China, Hong Kong tem, até o momento, mantido os direitos de liberdade de expressão e de reunião herdados do domínio britânico, enquanto filtra o governo popular direto por meio de um conselho legislativo parcialmente repartido entre eleitorados funcionais. Este sistema não satisfaz as aspirações democráticas dos cidadãos de Hong Kong, que desejam o sufrágio universal para 2017 – mas seria um grande passo adiante se adotado por Pequim.

O mandarinato chinês já está sendo testado em diversas frentes, desde a necessidade de estimular o consumo doméstico à medida que a demanda americana e europeia pelas exportações chinesas diminui, até a crise ambiental endêmica, a greve dos trabalhadores da Honda, os suicídios de 2009 na fábrica da Foxconn, que fabrica o iPod, e a amplamente relatada revolta popular de Wukan, em 2011.

Em alguns aspectos, a velha guarda da liderança chinesa – que ainda acredita no poder da propaganda em meio ao aquário da era da informação – é a pior inimiga do mandarinato. A legitimidade do Partido Comunista Chinês baseia-se em desempenho, o que cria um tipo sistêmico de capacidade de prestar contas. Todavia, quando há um fracasso de desempenho – tal como após o terremoto de Sichuan, quando escolas ruíram por causa de construção precária decorrente de práticas corruptas de obtenção de licenças –, a reação instintiva consiste em acobertar a situação em vez de admitir o problema e procurar resolvê-lo, ainda que o verdadeiro estado de coisas seja de domínio público. Isso se prova especialmente verdadeiro hoje com o advento do *weibo* e da febre dos microblogs, que é a versão chinesa do Twitter. Em maio de 2011, havia 230 milhões de usuários registrados. Os mais inovadores entre os 457 milhões de netcidadãos chineses se tornaram extremamente hábeis em evitar a "harmonização" pelos "censores automáticos" que procuram palavras suspeitas de dissidência política. A resultante falta de confiança que se vê na população significa que há muitos que simplesmente não acreditam em informação do governo – mesmo quando é verdadeira.

Ainda que a China não tenha eleições acima do nível de aldeia, pelo que se sabe, a maioria das pessoas tem de toda forma dado sua aprovação ao sistema uma vez que acreditam em sua capacidade de obter resultados. Todavia, quando a lacuna entre o que se diz e o que se vê cresce demais, quando a diferença entre a verdade e a propaganda é tão grande, um dia as pessoas simplesmente deixam de acreditar no sistema. Basta um empurrão para que caia. O tecido da verdade, quando esticado demais, rasga. Foi o que aconteceu com a União Soviética. Na era da informação do século XXI, os limites da propaganda estão seriamente circunscritos.

A despeito de todas as preocupações quanto à China não ter o mesmo destino da União Soviética, os decanos do Partido que procuram manipular os dados para disfarçar o mau desempenho cometem os mesmos erros dos velhos corvos do Partido em Moscou nos anos 1980.

Ao visitar o Museu Nacional em Pequim, em junho de 2011, podia-se facilmente perceber a esquizofrenia – ou falta de harmonia, como diriam alguns. Na Ala Norte do museu havia esplêndidas mostras de pinturas de paisagens clássicas feitas por reverenciados artistas chineses junto a uma exposição alemã sobre "A Era do Iluminismo". Nas paredes havia grandes citações sobre o que o Oriente aprendeu com o Ocidente e vice-versa, incluindo uma citação de Schiller que dizia que "a arte é filha da liberdade" – um pensamento que pareceu curioso aos que souberam da detenção e prisão de Ai Weiwei naquele mesmo momento. Na mostra "O Caminho para o Rejuvenescimento" localizada no outro lado do museu, dedicada à história do Partido Comunista, as placas informativas eram propaganda pura e simples. O Grande Salto Adiante e a Revolução Cultural, assim como os milhões que sofreram, foram fatos praticamente apagados pelos curadores da história.

É claro que certas facções da liderança chinesa estão cientes da necessidade de acelerar as reformas democráticas. O premiê Wen Jiabao, que entregou o cargo na transição de poder em 2012, foi mais longe que qualquer líder atual quando disse em uma entrevista a Fareed Zakaria da CNN que "os anseios populares por democracia e liberdade são irresistíveis". Ele também disse a Zakaria que "a liberdade de expressão é indispensável para qualquer país" e que "sem a salvaguarda da reforma política, os frutos da reforma econômica iriam se perder".[27] Wen repetiu a opinião em uma notável coletiva de imprensa dada em Pequim, em 2012, no encerramento do anual Congresso Nacional do Povo. Nessa coletiva, ele também criticou Bo Xilai, o chefe partidário de Chongqing, por sua nostalgia maoísta e por se aproveitar da campanha contra a corrupção para eliminar inimigos políticos. No dia seguinte, Bo Xilai foi obrigado a renunciar.

O secretário do Partido Comunista em Guangdong, Wang Yang, que, em vez de simplesmente reprimir, cedeu às demandas dos aldeões de Wukan por indenizações justas pela perda de suas terras para incorporadores imobiliários e nomeou um líder dos manifestantes como secretário local do Partido, clamou abertamente por mais democracia e eleições justas em sua província. Segundo todos os indícios, a destituição de Bo Xilai, cuja visão neomaoísta era tida como competindo com a tolerância liberal de Wang, fortaleceu a posição dos elementos mais liberais do futuro da China.

A definição sobre o lado da história em que ficará o sistema chinês ou o americano é algo que depende de governança. Os Estados Unidos permanecem paralisados por um interminável debate sobre quanto governo se quer e qual é o papel do Estado, ainda que sua classe política permaneça ideologicamente rígida no tocante a seu compromisso de que a democracia liberal seja o melhor sistema jamais inventado na história da humanidade. Os chineses não questionam muito o papel econômico ou social do Estado, mas, em vez disso, estão engajados num debate intensivo e de largo alcance sobre quanto de meritocracia autoritária necessitam versus quanta democracia podem se permitir de forma a ainda assim manter a "harmonia" e a estabilidade. Do nível das aldeias ao complexo de liderança de Zhongnanhai, as discussões se acaloram, a maioria privada mas algumas de forma pública, no que diz respeito a saber sobre se é possível, e em que nível, diferentes modelos se acomodarem pragmaticamente. He Baogang, que trabalhou com a Escola Central do Partido em experimentos sobre a "democracia deliberativa" em nível de aldeia na China, tem caracterizado o presente debate como uma disputa entre o modelo socialista do governo de partido único, o modelo liberal democrático de rivalidade entre partidos e o modelo confucionista da ausência de partidos.[28]

Um debate entre Francis Fukuyama e Zhang Weiwei sobre o modelo chinês

Em um diálogo fascinante patrocinado pelo Instituto Chunqiu de Xangai, em 2011, Francis Fukuyama[29] reconheceu os pontos fortes do sistema chinês, assinalou os profundos defeitos e insistiu na superioridade da democracia liberal como melhor caminho para a boa governança. Seu companheiro de debate, Zhang Weiwei, por sua vez, exaltou as virtudes do modelo chinês como sendo mais alinhadas com o futuro da humanidade.

Fukuyama enaltece a "grande conquista histórica" da China quando estabeleceu o primeiro Estado "de aspecto notadamente moderno" durante a dinastia Qin, há 2.300 anos, em 221 a.C. "Inventou-se o concurso para servidores públicos no momento certo. Havia uma burocracia organizada em linhas racionais e forças armadas em um território imenso organizadas por um comando unificado." No entanto, segundo Fukuyama, uma vez que havia a ausência de uma religião dominante, com regras morais que impusessem limites aos governantes, "a China não desenvolveu as outras duas instituições (do Estado moderno): o estado de direito e instâncias políticas formais para o controle de responsabilidades políticas. Hoje, assim como então, na visão de Fukuyama, os governantes chineses são circunscritos pela "responsabilidade moral" vinda de cima para baixo, que contrasta com a responsabilidade procedimental das eleições democráticas. Hoje, "a China é governada pelo Partido Comunista cuja doutrina é o marxismo, não a ideologia confucionista. Mas em muitos outros aspectos a estrutura de governança da China é similar ao padrão estabelecido pela dinastia Qin".[30]

Fukuyama, então, continua a enumerar os pontos fortes e fracos do presente "modelo chinês" e os contrasta com os pontos fortes e fracos da democracia liberal.

Acima de tudo, os processos de tomada de decisão da China são eficientes em função de seu autoritarismo. Se quiser construir a represa das Três Gargantas, possui os recursos não apenas para investir como também para remover as populações locais que encontrar no caminho. Em contraste, o processo de tomada de decisão dos Estados Unidos encontra-se paralisado pelo confronto partidário entre democratas e republicanos. E mais:

> Nossos grupos de pressão são muito poderosos e capazes de bloquear algumas decisões. Ainda que essas decisões possam ser racionais numa perspectiva de longo prazo, terminam não sendo acatadas simplesmente por causa da oposição de certos grupos de pressão. (...) Que possamos mudar esse estado de coisas num futuro próximo será importante na hora de se julgar se o sistema democrático dos Estados Unidos será bem-sucedido no longo prazo.[31]

Fukuyama tem dúvidas, no entanto, sobre se o modelo chinês será sustentável ao longo das próximas décadas devido à falta de "uma capacidade de prestar contas de cima para baixo": "Se você olhar a história dinástica da China normalmente verá que um sistema burocrático altamente centralizado com informação e conhecimento insuficientes sobre a sociedade resulta em governança ineficaz. O que a burocracia traz é corrupção e má governança. Não deixa de ser o que se observa hoje na China."[32]

A outra questão que preocupa Fukuyama é o problema do "mau imperador":

> Não há dúvida de que, se houver burocratas competentes e bem-treinados, ou profissionais técnicos com boa instrução dedicados a servir o interesse público, esse tipo de governo, num curto prazo, é melhor que um governo democrático. A existência de um bom imperador, porém, não é garantia de que um mau imperador não surgirá. Não há sistema de verifi-

cação para destituir o mau imperador caso ele exista. Como conseguir um bom imperador? Como podemos garantir que bons imperadores vão se reproduzir geração após geração? Não há resposta definida.[33]

Por sua vez, Zhang Weiwei argumenta que, de diversas formas, o sistema chinês tem maiores mecanismos de controles de responsabilidades que o sistema americano. Segundo ele, as autoridades chinesas nas províncias recebem a tarefa de promover o crescimento econômico. Se forem bem-sucedidas, serão promovidas. Caso contrário, serão substituídas por outras que possam realizar a tarefa. Como resultado, faz décadas que na China o crescimento é impressionante.

Com relação às responsabilidades legais, Zhang argumenta que a China não fica diminuída perante os Estados Unidos. Citando um caso de um recente incêndio que reduziu a cinzas um edifício residencial em Xangai, ele observa que "por volta de vinte autoridades governamentais e executivos de empresas foram detidos e punidos por sua negligência e imperícia. Em contraste, a crise financeira nos Estados Unidos fez cidadãos americanos perderem entre um quinto e um quarto de seus ativos. No entanto, três anos se passaram e ninguém nos Estados Unidos foi política, econômica ou juridicamente responsabilizado".[34]

Quanto ao problema do "mau imperador", Zhang crê que o sistema chinês tem maior capacidade de se autocorrigir que o americano. Zhang assinala que houve pelo menos sete dinastias na China, "tanto em épocas de bons como de maus imperadores", que cada uma durou mais de 250 anos, o equivalente a toda a história dos Estados Unidos, com sua escravidão, a falta de sufrágio universal e as guerras civis.

Zhang acredita que a "inovação institucional" da China resolveu esse problema desde os tempos de Mao:

Antes de qualquer outra coisa, a alta liderança da China é selecionada com base em mérito e não em hereditariedade. Em segundo lugar, a duração dos mandatos é estrita e o máximo que as altas lideranças servem são dois mandatos. Em terceiro lugar, pratica-se a liderança coletiva, o que significa que nenhum líder sozinho pode prevalecer se ele se desviar demais do consenso coletivo. Por último, mas não menos importante, na China a seleção baseada na meritocracia é uma tradição consagrada e quem toma as decisões nos mais altos níveis são os membros da Comissão Permanente do Politburo, selecionados segundo critérios que normalmente requerem terem cumprido dois mandatos como governadores provinciais dos ministros. (...) As províncias na China são do tamanho de quatro ou cinco países europeus.[35]

Devido a essa cultura de "primeiro o talento" que põe limite ao populismo, o poder das máfias, ou "o governo de qualquer um que seja eleito", Zhang acredita que uma meritocracia conforme o modelo chinês, combinando eleição e seleção, é mais propensa a ser sustentável que a democracia liberal, que, do seu ponto de vista, "pode ser apenas transitória na longa história da humanidade".[36]

Por sua vez, Fukuyama acredita que o processo de modernização inevitavelmente levará a China, assim como se deu em outras sociedades do Extremo Oriente com suas raízes no confucionismo, a exemplo de Japão e Taiwan, a aceitar a "responsabilidade ascendente" na forma de prestação de contas democrática e eleitoral. Enquanto, para Fukuyama, "pessoas de classe média de culturas diferentes de fato creem em coisas semelhantes", a crença de Zhang é a de que a ideia de que "a modernização conduz à convergência cultural" é uma ilusão da *hubris* ocidental do tipo "o fim da história".[37]

A postura de Zhang é a mesma de Samuel Huntington,[38] célebre por sua tese de "choque das civilizações", que acreditava que o processo de modernização seria adaptado de diferentes maneiras por diferentes civilizações e não se resumiria em uma "ocidentalização". É interessante notar que tanto Fukuyama como Fareed Zakaria, que concorda com Fukuyama, foram alunos de Huntington em Harvard.

A abordagem deste livro concorda com a de Zhang e Huntington de que a modernização não precisa ser "ocidental" e que a China deve adotar um sistema de controle de responsabilidade mais robusto que seja compatível com suas tradições política e cultural. Também concordamos com o que Zhang sugere: que sem profundas reformas estruturais que se nivelem ao que a China precisa fazer, a democracia, tal como concretamente existe hoje nos Estados Unidos, não é tão capaz de corrigir a si mesma quanto crê Fukuyama.

A fim de explorar exatamente quais seriam essas reformas, vamos revisitar alguns dos debates já havidos a respeito de meritocracia política versus democracia neste novo contexto.

3

Constitucionalismo democrático liberal e meritocracia

Possibilidades híbridas

Introdução

Certamente o debate sobre meritocracia versus democracia não é novo. No Ocidente, remonta à visão de Platão sobre governança como o governo daqueles poucos guiados pela razão treinada na busca do ideal e se estende a teóricos modernos tais como John Rawls,[1] que duvidava que uma sociedade justa pudesse se sustentar quando o eleitor individual desinformado age em seu próprio interesse em vez de no interesse comum.

Na sua concepção do governo republicano, James Madison e os demais Pais Fundadores dos Estados Unidos influenciados pelas ideias do Iluminismo preocuparam-se com o excesso de democracia e buscaram controlar a ditadura da maioria e suas paixões imediatas por meio de instituições como o colégio eleitoral, o Senado deliberativo e entidades não eleitas tais como a Suprema Corte. Também acreditavam que uma boa sociedade devia ser governada por uma elite ilustrada muito parecida com eles mesmos.

Tal como sugeriu o grande sinólogo da Universidade de Chicago H.G. Creel, Thomas Jefferson acabou professando uma enorme admiração pelas ideias de Confúcio por meio da leitura de Voltaire, que declarou, nos anos 1770, que "a mente humana não podia conceber melhor forma de governo que o da China, onde praticamente todo o poder reside nas mãos de burocratas cujos membros são admitidos somente por meio de vários e rigorosos exames".[2] O governo nas mãos de homens com virtude e talento cuja posição na vida devia-se ao mérito, não à herança, se encaixava perfeitamente na visão republicana de Jefferson de um governo constitucional arraigado na soberania popular mas governado nem pelo monarca nem pelo populacho.

Creel cita a afinidade natural de Jefferson com a visão de mundo confucionista em uma carta de 1813 a John Adams:

> Concordo com sua visão de que existe uma aristocracia natural entre os homens. Os fundamentos disto são a virtude e os talentos. (...) Também existe uma aristocracia artificial, baseada em fortuna e nascimento. (...) Considero a aristocracia natural o dom mais precioso da natureza, para a instrução, a confiança e o governo da sociedade. (...) Não poderíamos até dizer que a melhor forma de governo é aquela que permite selecionar mais efetivamente esses *aristoi* naturais para os cargos governamentais.[3]

Como observa Creel depois de citar essa passagem, "Seria difícil resumir a teoria do sistema de exames chinês de maneira mais clara". De fato, Jefferson apresentou um projeto de legislação, em 1779, para a educação pública com um sistema de exames por etapas desde a escola básica até o William and Mary College, "para a seleção de jovens talentosos dentre as turmas de alunos pobres (...) para proporcionar ao Estado esses talentos semeados livremente pela natureza tanto entre pobres como entre ricos".[4]

Ainda que haja pouca evidência da influência direta dos preceitos confucionistas sobre Jefferson, além das extensivas anotações em sua cópia do livro de Voltaire que discute a China, quase não há dúvida dessa influência sobre os intelectuais ilustrados da época.

Creel cita o historiador Adolf Reichwein quando diz que os intelectuais do Iluminismo "descobriram, para seu assombro, que mais de 2 mil anos antes, na China... Confúcio havia tido os mesmos pensamentos da mesma forma. (...) Confúcio tornou-se o santo padroeiro do Iluminismo do século XVIII".[5] A nobreza da razão em nome de uma sociedade harmoniosa e justa não era menos sua causa do que tinha sido do sábio da antiguidade. Ainda que mais tarde tenha se mostrado receoso de que o ideal confucionista decaísse em despotismo, Montesquieu escreveu que "o imperador da China (...) sabe que, se seu império não for justo, será despojado tanto do império como da vida. (...) Esse império se baseia em um plano de governo (de todos) como uma família".[6] Exaltando suas qualidades meritocráticas, o jesuíta Louis-Daniel Le Comte, em 1696, publicou um artigo em Paris afirmando que, na China, "a nobreza nunca é hereditária, tampouco havendo distinção entre as qualidades das pessoas, salvo aquela referente às funções que cada um desempenha".[7] Informado sobre a China, assim como os demais, em sua maior parte pelos eruditos missionários jesuítas, liderados por Matteo Ricci, Gottfried Leibniz escreveu:

Mesmo que sejamos iguais a eles nas artes produtivas e ainda que os superemos nas ciências teóricas, é certamente verdadeiro (e quase me envergonho de admiti-lo) que eles nos superam em filosofia prática, e com isso quero me referir aos impérios da ética e da política concebidos para a conduta e em benefício da vida humana.[8]

Na China, a ideia de "elevar os merecedores" a posições de poder a despeito de seu pedigree remonta ao período dos Estados Beligerantes, de 453 a 221 a.C.[9] A seleção de autoridades governamentais "virtuosas e talentosas" tornou-se uma prática sistemática do período Han ocidental (202 a.C.-9 d.C). Os exames de talento se acrescentaram às provas durante o período Han oriental (25-220 d.C).[10]

Traços fortes dessa "civilização institucional" são hoje encontrados na prática da "promoção por meio da competição" do moderno mandarinato do Partido Comunista, o qual busca localizar os melhores servidores públicos e fazê-los ascender na hierarquia. Na China, não há como alguém como o presidente Barack Obama vencer duas eleições não nacionais (para o Senado do estado de Illinois e depois para o Senado dos Estados Unidos) e depois chegar ao cargo máximo de presidente, sem ser testado anteriormente em um cargo executivo. Xi Jinping da China, quem esperam (enquanto escrevo) tornar-se o novo presidente do país e secretário-geral, foi governador ou secretário do Partido em diversas províncias – Fujian, Zhejiang e Xangai – antes de se tornar vice-presidente.

Considerar as vantagens e desvantagens entre democracia e meritocracia ou a ideia de combinar suas qualidades em um sistema híbrido mais uma vez se tornou um tema corrente, não apenas por causa do sucesso que o moderno mandarinato da China demonstrou ao livrar centenas de milhões do flagelo da pobreza em apenas trinta anos, mas também devido à generalizada crise de governança que hoje assola as democracias ocidentais.

A sabedoria convencional sustenta que, à medida que a China se afasta do modelo de crescimento baseado em investimento e exportação, que é mais propenso a ser conduzido por uma classe política talentosa, e transita rumo a ser um país de classe média, torna-se necessário desenvolver mais elementos de feedback e prestação de contas.

Ao mesmo tempo, em resposta à paralisia da política partidária engendrada pelas democracias eleitorais do Ocidente, a ideia da meritocracia despolitizada como elemento-chave para restaurar a boa governança é algo já sendo testado. Um exemplo é o chamado "supercomitê" do Congresso dos Estados Unidos, reunido para ser um meio apartidário, "além da política", e cujo fim é o de reduzir o déficit fiscal de longo prazo dos Estados Unidos. O exemplo mais proeminente, todavia, foi a instalação do não eleito "governo tecnocrático" de Mario Monti na Itália.

Como os políticos eleitos não conseguiam chegar a um entendimento, Monti foi convocado pelo presidente Giorgio Napolitano,[11] no fim de 2011, para formular e implementar reformas estruturais fundamentais até serem convocadas novas eleições nacionais em 2013.

A Itália se encontrou com esse problema não por falta de democracia, mas por excesso de decadência em sua forma de governança. A democracia eleitoral italiana – assim como a dos Estados Unidos – está tão politizada em linhas partidárias que se tornou disfuncional e totalmente incapaz de lidar com os duros desafios que o país enfrenta.

Monti, cuja sabedoria sem preconceitos e larga experiência como comissário europeu fazem dele mais um meritocrata que um tecnocrata, certamente teve razão ao declarar que "a ausência de personalidades políticas no governo contribuiria mais do que obstruiria o desenvolvimento de uma base sólida de apoio"[12] à reforma.

Ele entendeu que a democracia italiana, assim como a americana, tornou-se uma "vetocracia", para usar uma expressão cunhada por Francis Fukuyama menciona-da anteriormente. Em uma vetocracia, os políticos elei-tos são tão prisioneiros dos sentimentos populistas de curto prazo e dos grupos de pressão organizados, que a mera formulação de uma política que pretenda estabele-cer compromissos para o bem comum de longo prazo é descartada pelos partidos antes mesmo de ser votada no Parlamento. Qualquer projeto de lei que consiga ser apro-vado fica tão desprovido de substância que chega a perder sentido. Assim, o que permanece é o status quo.

Em *The Rise and Decline of Nations,*[13] como também já havíamos observado, o cientista social Mancur Olson descreveu como, com o tempo, essa poderosa agregação de grupos de pressão nas democracias provocou a queda de Es-tados em repetidas ocasiões, porque inevitavelmente produz déficits insustentáveis e drena as forças de uma economia ao proteger cartéis "buscadores de renda".

Se fosse pelos políticos eleitos, os partidos que re-presentam os sindicatos dos taxistas ou dos farmacêu-ticos não ajudariam a fazer a vida de seus clientes mais difícil mediante a livre concorrência. Funcionários pú-blicos resistiriam a cortes de empregos e benefícios. Ban-queiros usariam de sua influência perante os legisladores para evitar a regulamentação. Os ricos se uniriam para impedir o aumento dos impostos. Mas apenas dar aos eleitores mais voz por meio da democracia direta, em vez de por meio da democracia representativa, tampou-co parece ser a resposta. Se submetido à votação popu-lar, que pensionista seria favorável ao corte no generoso contrato social que ele ou ela espera, mesmo sabendo o quanto já se tornou inviável para as finanças públicas da Itália?

Vimos no capítulo anterior como na Califórnia, onde a democracia direta das iniciativas populares domina a governança, o interesse individual racional expressado pelos eleitores nas urnas pode levar a consequências inesperadas para a população como um todo. Também observamos como lá, absurdamente, o Estado gasta mais em prisões que em educação superior. No capítulo 6 discutiremos em mais detalhe como essa situação resultou de uma série de iniciativas ao longo dos anos para reduzir impostos sobre a propriedade ao mesmo tempo em que se buscava uma atitude mais dura frente ao crime.

Por mais difícil que fosse engolir sua dose de disciplina, a democracia despolitizada praticada pelo primeiro-ministro Monti foi a única forma de governo capaz de levar a Itália adiante. E veremos cada vez mais casos como esse no Ocidente pelas mesmas razões encontradas na Itália.

Ninguém, menos ainda os autores que aqui escrevem, sugere livrar-se da democracia "um homem, um voto" e transferir a soberania popular a uma elite meritocrática, como acontece, por exemplo, com o Partido Comunista do mandarinato chinês. Para o Ocidente, a palavra final deve pertencer aos eleitores, que é quem legitima a sua forma de governança. Mas livrar-se do aspecto de "vetocracia" presente na elaboração de políticas é chave para a boa governança. Em vez de se limitar a acionar a alavanca do interesse próprio ou ser convocado a esquadrinhar o espesso emaranhado de manipulações e os interesses dos grupos de pressão nos tempos de votação, os eleitores deveriam ser capazes de decidir a respeito de políticas propostas por organismos encarregados de cuidar do interesse comum de longo prazo.

O modo como a governança está sendo trabalhada hoje no Ocidente sugere ser necessária uma evolução da democracia, de maneira a que instituições com elementos meritocráticos sejam estabelecidas como forma de contrabalançar a cultura político-eleitoral do curto prazo e dos grupos de pressão.

A experiência italiana de democracia despolitizada será observada de perto como um antídoto à paralisia e à disfunção que hoje afligem o Ocidente. Se a decadência política servir para que a Itália encontre a boa governança, o caminho aberto por Mario Monti terá beneficiado a todos.

Como "espaços despolitizados", as instituições deliberativas requerem certa opacidade para proteger suas decisões da pressão popular e da "tirania da maioria". É por isso que a Suprema Corte dos Estados Unidos e o Federal Reserve não são instituições "transparentes". A opacidade proporciona margem para a deliberação equilibrada e não sujeita à opinião popular.

Todavia, para garantir que as instituições deliberativas não se tornem tacanhas, devem estar conectadas a sistemas de feedback robustos e serem revigoradas ou "arejadas" periodicamente, tanto por terem que argumentar publicamente pela legitimidade de suas decisões, como também por meio de rodízio de pessoal. Basta olhar a velha *nomenklatura* soviética ou a atual burocracia nuclear japonesa para comprovar este ponto de vista.

A fim de determinar que aspectos da democracia e da meritocracia são mais úteis para a boa governança atualmente, será útil atentar para as origens da "civilização institucional" chinesa bem como para os argumentos iniciais dos Pais Fundadores dos Estados Unidos sobre as virtudes republicanas do *governo para o povo* em uma democracia constitucional versus a maciça participação eleitoral representada pelo *governo pelo povo.*

A civilização institucional da China

Pan Wei, que estudou as práticas meritocráticas do Partido Comunista, apresenta um arcabouço útil que diferencia as abordagens ocidental e oriental em relação à governança.[14]

Pan argumenta que toda governança de assuntos humanos envolve um misto de quatro abordagens: adjudicação (o estado de direito), capacidade de prestar contas, responsabilidade e justiça. "Devido à estrutura social tradicional chinesa", ele sustenta, "a governança na China historicamente se apoia mais em responsabilidade e justiça do que em adjudicação e capacidade de prestar contas".

Enquanto as sociedades europeias tinham divisões claras e estáveis, Pan argumenta que "era impossível encontrar uma 'classe dirigente estável' na China entre os séculos IV a.C. e o começo do século XX". Ao longo de todos esses milênios a sociedade chinesa foi como um "monte de areia", constituída por propriedades rurais familiares, independentes, de pequena escala e tamanho igual. Esse monte camponês "indiferenciado" conduziu, do ponto de vista de Pan, ao conceito holístico de "todas as famílias". Embora existissem grandes abismos entre ricos e pobres, a falta de primogenitura significava certa fluidez na mobilidade social, uma vez que "nenhuma família rica se sustentaria por mais de três gerações".

As principais rebeliões a destronar dinastias foram, em geral, "rebeliões camponesas" contra os representantes de uma dinastia em particular, e não revoltas classistas de pobres contra os ricos, e o país mais tarde sempre regressava ao mesmo sistema social.

Essa realidade, segundo Pan, moldou fundamentalmente a evolução da governança na China. No lugar da emergência de um "contrato social" legalista entre indivíduos e classes, o que predominou foi uma "economia moral" de agricultura de subsistência baseada na obrigação mútua. "A criação de leis não é uma questão central na vida política chinesa", afirma Pan. Além do mais, devido a essa concepção holística de sociedade, a legitimidade da governança ficou relacionada à capacidade de prestar contas à sociedade como um todo, não a interesses parciais ou partidos. "A competição partidária inevitavelmente conduz a objetivos egoístas."

Foi de dentro desse contexto social que a "civilização institucional" da China, ou o sistema político *min-ben*, surgiu como ideal, com sua ênfase no governo ético para o "bem-estar de todas as famílias" (o bem comum) liderado por servidores civis talentosos e virtuosos e baseado numa obrigação moral dos governantes para com os governados. *Min-ben* significa "enraizado no povo".

Segundo Pan, o sistema *min-ben* instaurou-se mais de 3 mil anos atrás na dinastia Zhou do Ocidente, foi elaborado por Confúcio séculos depois e serviu de base para o mandarinato baseado em exames competitivos ao longo de 1.700 anos, até o começo do século XX.

Ainda que clientelismo e conexões tenham contaminado esse sistema ideal como todos os outros, o princípio do exame e da promoção por meio da avaliação do desempenho ainda é o que define a "civilização institucional" da China.

"É a meritocracia que distingue o sistema político chinês da democracia eleitoral. O princípio meritocrático baseado na competição ocupa a mesma posição central na história da governança chinesa que o princípio eleitoral da maioria na democracia eleitoral", Pan nos disse quando nos encontramos em Pequim.

Outros aspectos-chave do sistema ético de governança da China, os quais, segundo Pan, existiram desde a dinastia Qin (221-206 a.C.) até a dinastia Qing (1644-1911), são o conceito de "Grande Unidade" de toda a sociedade, que está incorporado na visão de mundo dos chineses desde o primeiro imperador Qin, bem como o mecanismo de correção de erros das "instituições de supervisão" que controlam o "grupo unificado de governo" por meio de uma "divisão de tarefas" em vez de uma separação de poderes.

Essas características são evidentes na China hoje governada pelo Partido Comunista. Uma vez que a ideia maoista de "luta de classes" foi descartada pela modernização promovida por Deng Xiaoping, o Partido hoje alega representar "toda a sociedade" e trabalha em prol da "harmonia". A concorrência pluripartidária é rejeitada por sua falta de legitimidade, dado que fragmentaria a "Grande Unidade" em nome de interesses "parciais" ou "especiais".

Ainda que longe de serem ideais, tanto em forma como em prática, as instituições supervisoras visando à "correção de erros" existem não só na China como em outros regimes de influência confucionista. Com sua comissão de inspeção independente, por exemplo, Cingapura extirpou efetivamente a corrupção do governo. Tais instituições disciplinares também existem na China, mas sua eficácia varia dependendo da vontade política no nível nacional ou local.

O vasto uso do *weibo* é uma das maneiras pelas quais uma pessoa pode supervisionar e questionar o governo, além do direito formal de apresentar queixas ao governo referentes a abusos, o que frequente e lamentavelmente é respondido por meio de assédio e intimidação. O federalismo chinês *de facto* estabelece um sistema no qual as províncias e Pequim servem como freio e contrapeso. Dependendo da questão, o Congresso Nacional do Povo, com seus quatro níveis, e o Conselho Consultivo, com seus três níveis, podem ter um verdadeiro impacto. Finalmente, segundo Pan, existe o sistema de freio e contrapeso entre Partido e Estado, que nem sempre veem as coisas do mesmo modo. Ele o diferencia da União Soviética, onde Estado foi feito em função do partido – um "partido Estado" – e o "estado partido" da China, onde, ecoando o passado confucionista, o Partido certifica os funcionários meritocráticos para que estes exerçam o poder estatal.

Os Pais Fundadores

A república americana, cuja existência até o momento teve uma duração mais breve que a maioria das dinastias chinesas, teve origens bem diferentes. Foi concebida logo de início para conter o poder do governo e maximizar a liberdade dos indivíduos de posses e dos diferentes cultos religiosos. Enquanto os antifederalistas eram favoráveis a uma democracia mais direta e preocupavam-se quanto a dar poder demais a elites representativas distantes da população, os federalistas buscavam delegar autoridade para instituições tais como o colégio eleitoral, o Senado, a Suprema Corte e, depois, para um banco central, onde os merecedores seriam autorizados a servir ao povo. Os federalistas buscavam temperar as puras expressões da vontade popular, de forma a que nem um monarca singular nem a tirania irracional da maioria pudessem mais ameaçar a liberdade. Mais do que esperar uma classe governante unificada, conforme faziam os antigos chineses, os fundadores dos Estados Unidos também buscaram maneiras de conceber meios para verificar a natural emergência de "facções"[15] por meio de uma "separação de poderes" que preveniria a captura do bem comum por interesses parciais ou especiais. Em uma organização federal, o poder do centro também estava circunscrito por uma ampla autonomia dos estados.

Como escreveu Stephen Macedo,[16] cientista político de Princeton, a experiência do autogoverno popular sob os Artigos de Confederação de 1781 a 1789 suscitou preocupações entre aqueles de orientação federalista quanto a que "instituições muito receptivas à população – com mandatos curtos – tenderiam a ser volúveis, insensatas e irresponsáveis". Os redatores da Constituição dos Estados Unidos não eram favoráveis à "democracia", que eles entendiam em termos de democracia direta com uma forte tendência a instabilidade, falta de sabedoria e tirania da maioria. Mas endossaram o princípio republicano pelo qual toda autoridade política devia ser proveniente do povo. No *Federalista nº 10*, Madison, em particular, enfatizou que a maior diferença entre o novo regime americano e a democracia da Grécia antiga era a "total exclusão do povo em sua capacidade coletiva" do governo.

Como assinala Macedo, o poder formal direto do povo segundo a Constituição consistia em eleger representantes para a Câmara Baixa da assembleia legislativa nacional. Para contrabalançar essa voz popular, nem o Senado nem a Suprema Corte eram selecionados por meio de eleições populares. (Até o começo do século XX, o Senado dos Estados Unidos era escolhido pelas legislaturas estaduais.)

O argumento de Madison,[17] no *Federalista nº 62*, contra um Senado diretamente eleito, de acordo com Macedo, era de que ele deveria representar a "calma e deliberada sensatez da comunidade" contra "os erros e ilusões temporários" dos representantes imediatos do povo encontrados na Câmara. "Quão salutar", escreve Madison, "será a interferência de algum grupo de cidadãos temperado e respeitável com o fim de verificar (propostas malconcebidas) até que a razão, a justiça e a verdade retomem sua autoridade sobre o espírito público".

Além disso, no projeto original, mesmo o executivo forte da presidência não foi eleito popularmente, mas selecionado por um "colégio eleitoral" também escolhido pelas legislaturas estaduais. A ideia, conforme manifestada no *Federalista nº68*, era a de "refinar e expandir as opiniões públicas ao passá-la pela mediação de um corpo eleito de cidadãos".[18]

Hoje, esses primeiros debates sobre como reconciliar a autoridade meritocrática com a soberania popular têm uma ressonância muito clara, haja vista que as paixões populistas de curto prazo e as lutas partidárias têm paralisado a governança nos Estados Unidos em um momento em que não está mais enfrentando um monarca situado no outro lado do Atlântico, mas enfrentando desafios e oportunidades que representam o poderoso ressurgimento da "civilização institucional" da China, do outro lado do Pacífico.

Como pertinentemente argumenta Macedo,[19] é hora de os Estados Unidos voltarem a uma "concepção constitucional mista de democracia", que incorpore os valores associados à meritocracia ao consenso dos governados. "Rejeito a tendência a achatar e simplificar a paisagem democrática, colocando tremenda ênfase nas eleições populares e no representante eleito. Quando um público de massa contempla o arcabouço constitucional existente, reconhece que um conjunto mais rico e complexo de arranjos institucionais se faz necessário para traduzir em termos práticos os valores do autogoverno de todos e em nome de todos."

As instituições meritocráticas com autoridade delegada, afinal de contas, não são alheias às democracias e, como discutimos, seu lugar nas mentes dos Pais Fundadores dos Estados Unidos estava claro. Os Estados Unidos têm um banco central independente, tribunais superiores de justiça e poderosos organismos reguladores em áreas que variam de alimentos e drogas a meio ambiente e saúde. Mesmo na democracia radical da Califórnia, poderes-chave têm sido dados a comissões nomeadas pelo governador para regulamentar o desenvolvimento ao longo da costa, supervisionar o fornecimento de água e energia ao estado e administrar a Universidade da Califórnia. Todas prestam contas à população por terem sido nomeadas por autoridades democraticamente eleitas, mas estão todas à margem do processo eleitoral em si.

Neste breve resumo podemos facilmente ver que as mesmas questões de governança preocupavam tanto os sábios chineses da antiguidade como os Pais Fundadores da América, a despeito de seus contextos culturais e históricos amplamente diferentes. Na próxima seção vamos explorar o desenho institucional de um "modelo constitucional" híbrido, misto, de "governança inteligente", o qual busca incorporar as comprovadas melhores práticas de cada – governo competente guiado por deliberação sensata e talento em união com as qualidades autocorretivas da capacidade de prestar contas e do feedback democrático.

Sistemas híbridos de constituição mista

Como mostramos, há muita história por trás da interdependência atual entre a China e o Ocidente, a qual remonta a séculos e inibe a convergência dos pensamentos políticos. O antigo "Período dos Reinos Combatentes" terminou com um compromisso em prol da integridade territorial e da estabilidade que levou a um enfoque moderno sobre o controle político e a harmonia social. O caminho para a paz após as guerras religiosas do Ocidente durante a Idade Média levou a ideais opostos: tolerância e diversidade. Na tradição confucionista, a China se apoiou na ética e na educação das elites para manter a honradez, a justiça e a capacidade de reação de suas instituições. O Ocidente tem recorrido ao freio da democracia pluripartidária e ao estado de direito.

Contudo, conforme sugerido pela admiração que Thomas Jefferson nutria por Confúcio, há traços ainda mais profundos da tradição humanista tanto no Ocidente quanto no Oriente, os quais têm suas origens há milênios.

Michael Lind, um decano da New American Foundation, ressaltou que China e Ocidente compartilham uma tradição de "humanismo clássico – um padrão cultural que floresceu na antiga China, na antiga Grécia e em Roma, bem como durante os períodos da Renascença e do Barroco".[20]

De acordo com Lind, todos esses humanistas clássicos compartilhavam

> um foco na vida humana combinado a um alto grau de indiferença por questões metafísicas e sobrenaturais; uma ênfase na razão prática e no sentido comum; racionalismo dedutivo ou talento individual, com respeito pela tradição literária clássica e incorporação da sabedoria do passado. Confúcio, Sun-tze, Sócrates, Aristóteles, Cícero, Erasmo e Voltaire, trazidos de volta à vida, teriam muito em comum uns com os outros.[21]

Em seu livro de 2011, *Sobre a China,* Henry Kissinger faz eco à observação feita por Lind. "A China deveu sua milenar sobrevivência muito menos às punições perpetradas por seus imperadores do que à comunidade de valores fomentados entre sua população e seu governo de funcionários eruditos."[22]

Embora Lind se preocupe com o risco de que uma crença "na 'ciência' do governo e na ideia de tecnocracia apartidária"[23] – como consequência da influência do utilitarismo ocidental e dos resquícios de ideologia marxista na China – eclipse um ressurgimento da razão prática do humanismo clássico baseada na sabedoria perene, a crescente interdependência entre a China e os Estados Unidos também abre espaço para uma nova síntese.*

"Não havia um filosofo da Ásia Central que efetuasse uma síntese do humanismo mediterrânico e do asiático em 1200 d.C.", escreve Lind. "Mas, hoje, quando a religião foi desalojada do controle da vida intelectual, e quando as utopias romântica e racionalista também fracassaram, existe oportunidade para entrelaçar o que há de melhor nos humanismos helênico e sino-asiático, a fim de prover um 'passado útil'" para a nova civilização global.[24]

Ironicamente, conforme observou o empresário e erudito chinês Eric X. Li, a China e o Ocidente, particularmente os Estados Unidos, têm trilhado caminhos opos-

---

* Um contraste interessante a esse respeito pôde ser visto nas diferentes abordagens à política na Califórnia. O enfoque que o ex-porta-voz da Assembleia e prefeito de São Francisco, Willie Brown, faz da política tem sido a de construir uma rede de jovens promissores e com vocação política a quem ele serve de mentor, orientando-os a ascender a postos sempre mais altos rumo ao Executivo. A abordagem que Eric Schmidt, do Google, encontrou para acabar com a manipulação partidária de distritos é a divisão do Estado em grades de paralelogramas estabelecidos matematicamente, eliminando assim o papel da política na hora da configuração de distritos.

tos a esse respeito desde o fim da Guerra Fria. No preciso momento em que estava deixando sua ideologia para trás e regressando às suas raízes confucionistas do "buscar a verdade a partir dos fatos", os uma vez pragmáticos americanos materializaram sua versão de democracia transformando-a numa ideologia. Li escreve:

> Posicionada taticamente do lado vencedor da Guerra Fria, a China viu, contudo, o colapso mundial da ideologia comunista que tinha abraçado desde a fundação da República Popular. Enquanto o Partido Comunista Chinês conduzia a China com firmeza e ascendência sobre todos os aspectos do poder nacional, o país dava as costas à ideologia comunista. De fato, deu às costas ao princípio da ideologia em si, o qual, de toda forma, havia sido importado do Ocidente.[25]

Encontrar provas literalmente esculpidas em bronze sobre o retorno da China às suas raízes de civilização não ideológicas não exigiria ir além do Museu Nacional, no coração de Pequim. Numa parte da capital onde tudo é altamente simbólico, uma estátua de 9 metros de altura de Confúcio foi erguida em janeiro de 2011. Primeiro, foi colocada justamente na avenida Chang'an, diante do museu, diretamente em frente ao retrato de Mao pendurado sobre o portão que leva à Cidade Proibida e que é próximo ao mausoléu do Grande Líder. A imprensa ocidental especulou que, talvez pela prolongada sensibilidade dos "conservadores maoistas" que identificam a ordem confucionista com o feudalismo, a estátua tivesse sido transportada para um pátio interno em abril deste ano. Outras evidências, tais como um resumo do candente debate *weibo* sobre o assunto, sugerem que muitos chineses pensavam que se tratava apenas de corrigir um mau *feng shui*. De toda forma, a imponente estátua agora está plenamente à vista dos visitantes do museu e mesmo dos transeuntes.

O episódio todo, assim como o estabelecimento oficial dos Institutos de Confúcio ao redor do mundo, reflete, todavia, que os líderes chineses, bem como a sociedade civil, estão comprometidos com uma ampla consideração da identidade da China como a de um "Estado civilizacional" reemergente e com mais possibilidades de reforma o fim da ideologia pode inaugurar.

Conforme Eric X. Li expressa, de maneira nada sentimental:

> A democracia ocidental é inerentemente incapaz de se tornar menos democrática mesmo quando sua sobrevivência depende de semelhante mudança. Os chineses, por outro lado, permitiriam maior participação popular nas decisões políticas quando isso conduzisse ao desenvolvimento econômico e fosse favorável aos interesses nacionais, como têm feito nos últimos dez anos, mas não hesitariam em restringi-la caso as condições e necessidades da nação mudassem.[26]

Para os Estados Unidos, a democracia é um fim em si. No pragmatismo pós-ideológico proposto por pensadores chineses tais como Eric X. Li ou Zhang Weiwei,[27] a democracia é somente um meio para a finalidade da boa governança. Seu ponto de vista vem a ser: "Se ajuda a trazer resultados, ótimo. Senão, quem precisa disso?"

Por mais ilógica que possa parecer à mente ocidental, a China, de diversas maneiras, está mais aberta a reformas políticas fundamentais que os Estados Unidos. Uma vez que o sistema dos Estados Unidos se baseia na noção de que o Estado em si mesmo é restringido por uma legislação soberana preexistente, qualquer ideia de reescrever a Constituição é quase um anátema.

Na China, porém, alguns intelectuais assinalam que os resquícios da teoria do Partido Comunista postulam que o sistema atual é o "estágio primário do socialismo", significando que é uma fase transicional rumo a uma forma mais elevada e superior de socialismo. Os pilares econômicos irão mudar quando a prosperidade for mais abrangente, levando a que a superestrutura jurídica e política também mude.

Isso tem levado certos estudiosos chineses de Confúcio a argumentar que o marxismo não pode ser a filosofia do estágio mais alto do desenvolvimento, até por ser uma ideologia vinda de fora, e qualquer nova forma de governo deverá basear-se em fontes inatas de legitimidade fruto da experiência chinesa – o conhecimento da classe governante, a obrigação ética dos governantes para com os governados, e a tradição.

Daniel A. Bell, estudioso canadense que leciona filosofia política comparada na Universidade de Tsinghua, em Pequim, é um que acredita que esse momento atual, em que o renascimento confucionista depara com a transição chinesa para a classe média, com toda a pressão por maior participação e capacidade de prestar contas que ela implica, é um momento maduro para reforma.[28]

Bell prevê uma Câmara Alta cujos membros são escolhidos não por eleição, mas por meio de concursos, ou *Xianshiyuan;* uma legislatura nacional democrática que assessore a Câmara Alta sobre "preferências"; eleições diretas até o nível provincial; e liberdade de imprensa. O chefe de Estado e seus ministros seriam escolhidos entre os membros mais augustos da câmara meritocrática. Bell crê que a Câmara Alta teria predominância, que poderia anular um voto majoritário da Câmara Baixa com um voto supramajoritário.

Após a revolução egípcia do Facebook, muitos comentaristas ocidentais ingenuamente previram que um virtual levante da praça Tiananmen mais cedo ou mais tarde golpearia os governantes autocráticos da China assim como havia golpeado Mubarak e terminando com a bastante concreta ocupação da praça Tahrir. Em fevereiro de 2011, Bell argumentou que mesmo entre os intelectuais chineses havia uma clara atitude de que "a democracia não é tão boa". Ele dividiu esses intelectuais entre "pessimistas" e "otimistas". Os pessimistas acreditavam que a democracia daria vazão ao racismo, ao fascismo nacional e à lei irracional das ruas, como durante a Revolução Cultural. Mas nem os otimistas, que querem maior capacidade de prestação de contas, a fim de frear a corrupção no Partido e torná-lo mais sensível às necessidades dos consumidores urbanos, desejam eleições pluripartidárias ou eleições diretas para os dirigentes principais.

Segundo Bell, prefeririam que decisões concernentes a disputas de terras na China rural, por exemplo, se dessem em uma legislatura democrática, enquanto preocupações globais ou de longo prazo, como o meio ambiente e a política externa, ficassem a cargo de uma câmara meritocrática.

Sobre a necessidade de recalibragem do sistema político, Bell escreveu: "Os democratas frequentemente respondem com uma objeção de que a democracia é uma prioridade: vamos democratizar o sistema primeiro, e depois podemos pensar sobre como podemos melhorar a democracia."

Mas eleições pluripartidárias para as altas lideranças, segundo Bell, levariam a China pelo caminho que hoje aflige o Ocidente. "O sistema político atual da China já é

meritocrático em certos aspectos", observou, "e seria prático e mesmo desejável manter aquilo que funciona bem". E
continuou:

> Os quadros do Partido Comunista, que tem a
> força de 78 milhões de membros, são cada vez mais
> preenchidos por critérios competitivos e meritocráti-
> cos. E o governo implementa certas políticas de acordo
> com planos quinquenais concebidos para o benefício
> no longo prazo, tais como o apoio às energias limpas,
> aos trens de alta velocidade e aos projetos de desenvol-
> vimento econômico na esparsamente povoada parte
> ocidental do país. Um governo mais democrático seria
> mais restringido por considerações eleitorais de curto
> prazo.

Tal formulação, além de outras semelhantes a ela – sobre
as quais existe um rico debate dando-se na China hoje –,
atém-se à ideia confucionista de um excelente governo baseado no mérito e mitigado pela prestação de contas ao
povo, mas não completamente dominado por ele. Esse parece ser precisamente o tipo de modernização política não
ocidental que veremos quando a China adotar sua própria
forma de democratização.

Até figuras-chave do Partido entendem que existe uma
necessidade desesperadora de maior capacidade de prestar
contas, a fim de deter a arbitrariedade, a corrupção e o
clientelismo que têm acompanhado o estágio primário do
socialismo. É com facilidade demais que a mão forte do
Estado se torna o punho cerrado da repressão ou a palma
aberta da corrupção.

Mas tal abordagem, conforme expressada por Bell, é
propensa a também manter a estabilidade de uma forma

que a democracia eleitoral do Ocidente talvez não possa, e seria, portanto, um caminho de mudança realista e viável para a China.

Enquanto a proposta de Bell busca democratizar o moderno mandarinato chinês ao longo de um traçado confucionista, o filósofo político da Universidade de Fudan Bai Tongdong quer dar um aspecto mais confucionista à democracia para corrigir suas falhas. Bai acredita que "uma forma confucionista ideal de governo"[29] removeria os principais empecilhos a uma boa governança apresentados pela democracia de "um homem, um voto", sobre os quais refletiu mais a fundo John Rawls em *Political Liberalism*.[30]

Segundo a leitura que Bai faz dele, Rawls, primeiramente, assinala que o sistema "um homem, um voto" alimenta a tendência de os indivíduos recorrerem ao interesse próprio ao considerarem questões públicas. Em segundo lugar, muitos cidadãos se abstêm de votar de forma indiferente. Em terceiro lugar, as democracias modernas são tão grandes e complexas, e as vidas das pessoas tão ocupadas entre trabalho e família, que falta ao cidadão médio o conhecimento para tomar decisões mais conscientes. Em quarto lugar, com o sufrágio universal abrangendo tantos eleitores, os votos individuais praticamente não têm significado. Em quinto lugar, o poder do dinheiro na política, especialmente o dos maiores grupos de pressão, tais como os das grandes empresas, distorce o discurso honesto e mina a utilidade de eleições como um meio de promover o bem comum. (E isso foi muito antes de a Suprema Corte dos Estados Unidos decidir considerar esse dinheiro "liberdade de expressão" em campanhas políticas.)

Firmemente estabelecido no pensamento político ocidental, o que parece ser o principal remédio de Rawls para as falhas da democracia eleitoral não é delegar autoridade aos que sabem mais, conforme sugeriria a experiência de "civilização institucional" da China, e sim melhorar o conhecimento dos cidadãos para que atuem de forma responsável, por meio de uma "democracia deliberativa". Esse remédio busca reconciliar o fato de que, conforme disse um especialista, "cidadãos deliberativos não participam muito, e cidadãos que participam não deliberam muito",[31] com a crença do juiz Louis Brandeis de que "numa democracia, o cargo mais importante é o cargo de cidadão".[32]

Seguindo o que diz Rawls, o experimento deliberativo tem sido feito aqui e ali ao longo do Ocidente – ainda que como um elemento de governança assessor, não vinculante – no Canadá, na Austrália e na Califórnia.

A prática mais antiga de democracia deliberativa por meio de representação indicativa remonta à Grécia antiga, com seu sistema por sorteio de "amostragem aleatória", para a escolha das assembleias gerais. O sistema americano de júri remete a essa tradição. Mas o sistema mais citado até hoje, de democracia deliberativa moderna como forma de representação democrática, é a Assembleia dos Cidadãos, que em 2004 se organizou na província canadense de British Columbia para revisar o sistema político existente, promover uma série de audiências e debates e recomendar reformas. Essas reformas foram levadas a votação em um referendo público, mas por muito pouco não tiveram a maioria necessária.[33]

Na Califórnia, como discutiremos mais detalhadamente no capítulo 6, também tentamos uma solução semelhante de "representação indicativa" ao estabelecer um grupo bipartidário independente, em 2011, chamado de Think Long Committee (Comitê Pense a Longo Prazo), com membros autosselecionados, como Eric Schmidt, do Google, o ex-presidente da Suprema Corte do Estado, passando pela ex-secretária de Estado Condoleezza Rice. O comitê deixou a política de lado e conseguiu desenhar um plano bipartidário de reforma fiscal que ultrapassou a divisão ideológica que por anos paralisou a legislatura do estado. O plano será trazido para votação pela população em 2014. O grupo também propôs a formação de uma entidade apartidária mais formal, nomeada por autoridades eleitas, mas composta por cidadãos proeminentes com conhecimento e experiência, a fim de zelar pelos interesses de longo prazo da Califórnia.

Paralelamente a esse processo, o Think Long Committee uniu-se a outro grupo reformista, o California Forward (Para a Frente Califórnia), para patrocinar uma "enquete deliberativa" com duração de um fim de semana, em que se convocou um grupo de cidadãos escolhidos aleatoriamente para identificar as reformas-chave que, segundo eles, solucionariam os problemas do disfuncional governo do estado da Califórnia. As ideias propostas por eles – um requisito *pay-go** de que a legislatura especificasse os cortes ou receitas que compensariam um novo gasto, orçamento com base bienal baseado no desempenho, além de operações governamentais mais transparentes e supervisionadas – foram incorporadas a uma iniciativa que foi de maneira bem-sucedida trazida aos eleitores como iniciativa popular em 2012.

A democracia deliberativa não parte do pressuposto de que o eleitorado, no geral, elegerá os melhores líderes, mas cria, em lugar disso, a oportunidade para que os eleitores escolham entre as melhores políticas que tenham sido consideradas deliberativamente. Em resumo, é uma espécie de medida intermediária que desloca o ônus do conhecimento

---

* Nos Estados Unidos, a prática do governo federal de não autorizar aumento de gastos ou redução de impostos sem contrabalançar com a diminuição de gastos ou o aumento de impostos em algum outro lugar.

em matéria de governança do eleitor médio ao eleitor "indicativo" deliberante. Não delega autoridade de governança aos mais meritórios.

A "forma ideal de governança confucionista", aquela que o professor Bai acredita oferecer uma resposta mais sistêmica às falhas de Rawls do que a influência indireta sobre o poder da democracia deliberativa, daria esse passo posterior.[34]

Bai sustenta que "os confucionistas seriam favoráveis a um sistema híbrido, que introduziria e fortaleceria o papel a ser desempenhado por 'meritocratas' competentes e éticos junto à instituição um homem, um voto". Esse sistema híbrido, no entender de Bai, estaria mais próximo dos princípios confucionistas que o sistema chinês atual e realçaria a democracia ao aprimorar o "governo para o povo, mas não inteiramente pelo povo". Os pilares do que Bai chama de "Confu-China" são o estado de direito, os direitos humanos e o combate à desigualdade social, de acordo com o "princípio da diferença" de que fala Rawls. Não apenas a educação, em geral, incluindo a educação cívica, deveria servir de base para o direito de participar da política, garantida pela liberdade de expressão, mas tal participação deveria ser significativa a uma escala que permita "amizade cívica" na gestão de questões comuns e não apenas, como acontece nas maiores democracias ocidentais como no caso dos Estados Unidos, o formal e, em grande parte desprovido de sentido, direito ao voto.

O conceito de Bai se apoia em um sistema de níveis que combina eleição na base e seleção dos "experientes e instruídos" em níveis mais altos, a fim de alcançar tanto legitimidade quanto competência.

Enquanto o direito de os cidadãos terem voz deve ser respeitado no nível local, onde vivem e trabalham – ou quando questões mais amplas afetam o seu bem-estar local –, os cidadãos, por sua vez, devem respeitar "os competentes e virtuosos a cargo do governo" em um nível mais alto.

Ainda que a definição do que seja "local" seja uma questão empírica, o princípio de Bai é o seguinte: "o grau de participação democrática depende da capacidade de os participantes tomarem decisões sensatas baseadas no interesse da população".

Quanto a questões que surjam em níveis além dos da comunidade local e a respeito dos quais os cidadãos se mostrem "indiferentes ou careçam de capacidade para discernir de maneira sensata", será necessário tomar medidas "para limitar a influência da vontade popular sobre essas políticas".

Para Bai, a capacidade de os eleitores julgarem de maneira sensata poderia certamente ser realçada aumentando seu conhecimento por meio de convocações deliberativas a respeito de determinadas políticas ou, mais controversamente, outorgando peso diferente aos votos dos que demonstrassem ter mais conhecimento de certas questões. Mas a proposta de Bai iria mais longe ao estabelecer um sistema de níveis ou de degraus no qual seria requerida mais competência à medida que alguém subisse a escala decisória, culminando, como na proposta de Daniel Bell, em um sistema bicameral, na qual uma "Câmara Alta" não eleita, dos instruídos, contrabalançasse uma "Câmara Baixa", que começa dentro do sistema "um homem, um voto", mas desse nível para cima elegeria funcionários por meio da "eleição interna, seleção ou recomendação", baseando-se na experiência. Aqueles com experiência e capacidade para lidar com questões superiores poderiam ser selecionados pelo eleitorado local com base nas capacidades demonstradas nas questões locais, na experiência adquirida na interação com níveis de governança mais elevados ou na própria experiência adquirida como líderes industriais, cientistas ou ativistas não governamentais.

Bai insiste em assinalar que o modelo que propõe é "diferente da democracia representativa, na qual as autoridades locais que acedem aos níveis de governo superiores não representam os interesses locais, mas são aquelas capazes de participar da elaboração de políticas no mais alto nível".

Os membros da instruída "Câmara Alta" de Bai, tal como na proposta de Bell, seriam escolhidos por concurso assim como no antigo sistema *keju*, "no qual os letrados obtinham diferentes níveis de títulos que podiam levar a diferentes posições no governo à medida que passassem em exames posteriores que correspondessem a outros níveis". A recomendação em função do desempenho – que não difere da maneira como o Departamento de Organização do Partido Comunista funciona hoje – seria outra base para selecionar os membros da meritocrática Câmara Alta.

Tanto a proposta de Bell quanto a de Bai emendam o esforço de Sun Yat-sen por combinar confucionismo e democracia em seu famoso "governo de cinco *Yuan*", cujo fraco eco se vê hoje em Taiwan, que adicionou um "*Yuan* de Exames" e um "*Yuan* de Controle" para conter a corrupção dentro dos yuans, ou divisões, executivo, legislativo e judiciário. De certa forma, Bell e Bai são mais politicamente viáveis, não só porque os pilares confucionistas da "civilização institucional" da China estão hoje passando por um renascimento, tendo sido maculados pelo decadente despotismo da dinastia imperial que findou na virada do século XX, como também porque a crise de governança do Ocidente revelou de maneira muito clara os pontos fracos da democracia de um homem, um voto.

Notadamente, enquanto considerávamos que um dos pontos da tese de Rawls a serem corrigidos seria o paralisante viés de curto prazo das democracias consumistas, a concepção de Bai é bastante próxima à que nos ocorreu depois de termos reunido em Los Angeles, em 2010, intelectuais do Ocidente para uma discussão que durou meses.

Assim como Bai, concordamos que os pilares de qualquer sistema legítimo de governança devem ser os de conter o excesso de desigualdade social ao mesmo tempo em que garante a liberdade de expressão e o estado de direito. Claramente, a habilidade de autocorreção de qualquer sistema, seja meritocrático ou democrático, depende mais de uma "sociedade aberta" do que de eleições um homem, um voto. Como Bai expressou: "As joias da democracia liberal são os direitos e o estado de direito, não as eleições." Então, assim como a Bai, nos ocorre um sistema com patamares começando com governos eleitos do nível básico ao da "Câmara Baixa", os quais seriam contrabalançados mais acima por uma "Câmara Alta" composta pelos "sábios, letrados e experientes", de forma a também contrabalançar a natureza de curto prazo e de interesse pessoal característicos da Câmara Baixa.

Como um ato de imaginação política, no capítulo 5 descrevemos em detalhe a concepção institucional de um sistema constitucional misto que combine e busque equilibrar tanto os elementos da meritocracia como os da democracia.

Primeiramente, no entanto, devemos fazer um rápido desvio em direção aos mais novos desafios à boa governança no século XXI, que estão relacionados com a concepção de novas instituições – a emergência de redes de mídia social, a ascensão de megacidades e a distribuição global da produção.

4

Os novos desafios à governança

Redes sociais, megacidades e a distribuição global das capacidades produtivas

A Globalização 2.0 apresenta desafios inéditos à governança – redes sociais, o surgimento de megacidades do tamanho de nações inteiras e a divisão global de tarefas em um processo de produção que se estende ao longo do planeta como consequência da mobilidade de habilidades, capitais e tecnologia.

As redes sociais

O surgimento da mídia social na sociedade civil mudou o jogo da governança. Tanto para os Estados Unidos como para a China, a evolução da democracia também deve significar descobrir como equilibrar o robusto poder de participação das mídias sociais com a autoridade de governo legítima necessária para cuidar do bem comum e do longo prazo.

A mudança de poder em curso foi muito bem descrita por Mark Zuckerberg, em sua primeira carta endereçada aos investidores do Facebook a respeito da entrada da empresa no mercado de ações ao abrir seu capital:

Esperamos mudar a maneira como as pessoas se relacionam com seus governos e instituições sociais.

Acreditamos que desenvolver ferramentas para ajudar as pessoas a compartilhar pode levar a um diálogo mais honesto e transparente a respeito de governo, o qual poderá conduzir a um fortalecimento mais direto da população, mais transparência por parte das autoridades e melhores soluções para alguns dos maiores problemas de nosso tempo.

Ao dar às pessoas o poder de compartilhar, estamos começando a fazer com que as pessoas tenham suas vozes ouvidas numa escala diferente da que foi possível historicamente. São vozes que aumentarão em número e volume. Não podem ser ignoradas. Com o passar do tempo, esperamos que governos se tornem mais sensíveis a questões e preocupações levantadas diretamente pela população, mais do que por intermediários controlados por uma seleta minoria.[1]

Tudo aquilo que era sólido a respeito das estabelecidas guildas, intermediários e guardiões da percepção está se desmanchando no ar sob o ataque da "era dos amadores",[2] desencadeada por Zuckerberg e outros Guardas Vermelhos virtuais do Vale do Silício. A conectividade entre as vozes recém-fortalecidas está desfazendo os últimos fios de autoridades cultural, social e política pendentes e costurando um novo padrão de poder.

"Quem, a quem?" foi a famosa pergunta feita por Karl Marx quando ele se dedicou, em *O Capital*,[3] a definir as relações de poder das altamente estratificadas sociedades dos primórdios do capitalismo industrial. "Quem controla quem?" é a pergunta que Jack Dorsey, do Twitter, se faz a respeito de nossas sociedades, que estão se tornando cada vez mais transparentes à medida que as redes que distribuem informação compartilhada igualmente minam o poder de quem *controla* e dão poder aos *controlados*.

Como Dorsey também observou, as redes de mídia social como Twitter e Facebook são serviços moldados pelos usuários. Essa dependência recíproca, Karine Nahon[4] argumenta, cria um equilíbrio de poder "difuso" entre serviço e usuário, o controlador e o controlado, que está constantemente mudando. No final, os controladores, nas redes sociais, mantêm seu poder somente por meio do "consentimento dos controlados".

Da mesma forma, os governos cuja legitimidade provém de serem "servidores do povo" (China) ou "democracias" (o Ocidente) podem ser considerados serviços forçados pela transparência da informação compartilhada a se mostrarem sensatos às robustas críticas permitidas pelas redes sociais.

Em nenhum outro lugar essa transferência de poder é tão evidente quanto na China. O surgimento, num passado recente, de uma vasta e perturbadora "netocracia monitoradora" tem afetado o equilíbrio de poder entre os cidadãos e o Estado-partido. O que o autor de *Trasparent Society*, David Brin,[5] chama de "sousveillance", ou o monitoramento das autoridades vindo de baixo, através do *weibo* e abrangendo qualquer questão, desde leite contaminado e acidentes de trem até a poluição atmosférica e a corrupção das autoridades, está pondo em prática aquilo que Sun Yat-sen imaginou para sua proposta de "quinto Yuan" de governo – o *Yuan* de Controle, com o fim de apanhar autoridades corruptas e incompetentes.

A meritocracia hierárquica da China é um sistema eficiente, mas, sem sistemas de feedback que forneçam informação confiável, os meridianos desse corpo político ficam entupidos e fatalmente fracassam. De certa forma, os microblogs ajudam a resolver esse antigo problema de "insuficiência de feedback ao imperador", que levou à queda de muitas dinastias defasadas.

Eric X. Li e George Yeo argumentaram que essa "netocracia vigilante" já se tornou uma parte orgânica do tecido de governança chinês, pois o Partido Comunista a utiliza como um mecanismo de alerta precoce para corrigir políticas que possam minar sua legitimidade com base na capacidade de gerar resultados. O processamento eficaz da crítica por meio de uma aguda capacidade de resposta faz com que o Partido fortaleça sua permanência no poder.[6]

Quem controla quem em tais circunstâncias? O controlado ou o controlador?

Outros têm menos ilusões. John Keane,[7] que apareceu com a noção de "democracia vigilante", nos lembra da multidão de censores que espreitam todos os cantos do espaço virtual que tenham características chinesas, à procura de palavras-chave não autorizadas e frequentemente detendo para "uma xícara de chá com medo" blogueiros que insistentemente vão longe demais.

Não há dúvida de que ambos os pontos de vista sobre a situação da China são verdadeiros e de que ninguém sabe onde isso vai dar. O país é uma "gigantesca placa de Petri" repleta de possibilidades.

O líder do Partido Comunista Italiano nos anos 1930, Antonio Gramsci, argumentou que, sem um partido leninista, as massas são uma diáspora impotente.[8] Fiel à sua inclinação leninista, o Partido Comunista Chinês (PCC) entende a afirmação de Gramsci do ponto de vista do poder: nenhuma concorrência para a narrativa reinante deve sequer brotar. Para o PCC, o papel paradoxal de um partido leninista no poder é o de assegurar que as massas *permaneçam uma diáspora*.

"*Après nous, le déluge*" (Depois de nós, o dilúvio) é a convicção dos chineses mais linha-dura que veem a era da informação por trás dos muros do complexo da Cidade Proibida, em Zhongnanhai, onde eles moram e trabalham. Eles temem o fim da ordem e que se volte ao caos da Revolução Cultural. Para eles, Twitter e Facebook são "fabricantes do caos". Nada os assusta mais que a ideia da Guarda Vermelha no Twitter. Em 2011, o orçamento chinês alocou mais fundos em "segurança da informação" que nas forças armadas. Querem se assegurar de que nenhum par de indivíduos que tenha entrado na rede venha a se encontrar na rua.

O que é certeza na China é que o "pêndulo de poder" está rapidamente ganhando impulso. E isso tem grandes implicações para o futuro se mãos repressivas em vez de hábeis segurarem a alavanca do Estado e tentarem vencer a força da gravidade.

Há demasiados exemplos cotidianos de netcidadãos ativistas para fazer inventário. O caso de Wukan,[9] no fim de 2011 e começo de 2012, é hoje o mais famoso. Cidadãos que protestavam contra uma nebulosa transação imobiliária entre autoridades locais e incorporadoras chegaram a expulsar as autoridades da cidade e se autogovernar por semanas até se chegar a um acordo negociado com o secretário do Partido da província de Guangdong, Wang Yang, quem, ao final, conforme dissemos no capítulo 2, indicou um líder dos manifestantes como o novo secretário do Partido da aldeia. Em meio aos acontecimentos, netcidadãos baixaram e compartilharam imagens de satélite das terras em disputa por meio do Google Maps.

O protesto de um cidadão que irrompeu em Nanjing em maio de 2011 é ilustrativo do ainda desigual dar e receber que segue sendo a norma. Os cidadãos locais correram aos microblogs e inclusive protestaram em frente à biblioteca da cidade contra um plano de desenvolvimento urbano que cortaria as famosas árvores wutong para a construção de novas linhas de metrô. Ainda que, no final, os cidadãos não tenham conseguido modificar o projeto de maneira significativa, as autoridades locais estabeleceram um "Comitê de Avaliação do Verde" com oito membros cidadãos para rever o plano, mesmo que fossem minoritários em comparação aos nove "especialistas" do governo e das construtoras.[10]

O poder participativo das mídias sociais não vai ter consequências menores em sociedades abertas, pois estas vão se abrir ainda mais. A "democracia vigilante" por meio da web está se tornando o "quinto poder" à medida que suplanta o papel dos meios de comunicação estabelecidos como forma de controle sobre o governo constituído por uma imprensa livre na qualidade de "quarto poder".

No Japão, mães preocupadas sobre como o desastre nuclear de Fukushima poderia afetar seus filhos estão se comunicando através do Mixi, uma página de rede social popular.[11]

A emergência das redes de *Wutbürgers* ou "cidadãos raivosos" tornou-se um traço comum na vida política da Alemanha. Nem de direita nem de esquerda, porém não partidários, esses grupos interconectados via mídias sociais objetivam defender seus interesses locais, quer seja contra a construção de usinas nucleares, ferrovias ou aeroportos em suas comunidades.[12]

Em junho de 2011, os italianos, pela primeira vez levados pelo amplo uso das mídias sociais, compareceram maciçamente a um referendo para rejeitar planos de privatização do sistema de águas e de expansão de usinas nucleares. "Acompa-

123

nhei a pré-campanha e as projeções no Twitter, e isso mudou minha perspectiva", disse o *New York Times* citando um dos eleitores. "A política na Itália não se limita mais à televisão."[13]

No fim de maio de 2011, um movimento semelhante de *indignados* brotou na Espanha, ocupando a Puerta del Sol em Madri como se fosse a praça Tahrir, no Cairo.[14] Conduzidos pelas mídias sociais e não sendo de direita nem de esquerda, esse movimento principalmente jovem protestou contra a imobilidade das elites dos grandes partidos perante as dificuldades por que passavam os desempregados.

Mesmo na Arábia Saudita, um usuário de Twitter anônimo, Mutjahadid, escandalizou a nação com revelações regulares sobre negócios escusos da família real, e mulheres que desafiam a lei que as proíbe de dirigir veículos motorizados estão se unindo em grupos de apoio através do Twitter.

Os governos estão entendendo o recado e preparando-se para o desafio.

Em seu relatório para o Conselho para o Século XXI na Cúpula do e-G-8 que teve como anfitrião o então presidente Sarkozy, em Paris, em maio de 2011, Eric Schmidt,[15] da Google, observou que, se a abertura se mantiver como norma, a internet trará maior capacidade de prestação de contas aos governos e permitirá mais autogoverno. "A liberação de dados governamentais", conforme ele diz, traz imensos benefícios à população. Além disso, a "computação por nuvem" tornará possível uma nova gama de serviços governamentais, pois muitos podem ter acesso a uma mesma base de dados.

Conforme escreveu o primeiro-ministro britânico David Cameron:

> Informação é poder. Permite que a população obrigue os poderosos a prestar contas, dando-lhe a fer-

ramenta necessária para ficar de olho em políticos e burocratas. Oferece às pessoas novas escolhas e oportunidades, permitindo que façam juízo informado sobre seu futuro. E permite que nossos profissionais se comparem aos outros, e que nossos empresários desenvolvam novos produtos e serviços.[16]

Cameron mencionou a popularidade do novo programa de transparência do governo britânico. Quando publicou o mapa da criminalidade de rua em 2011, mostrando quais crimes haviam sido cometidos e exatamente onde, o site do governo teve 18 milhões de acessos em uma hora. O site também publicou avaliações de professores e médicos em escolas e no sistema de saúde pública, respectivamente.

A governança como a conhecemos poderá não ser mais possível, mas capacidade de reação e responsabilidade nem sempre coincidem. "Por um lado, é necessário atender aos anseios da opinião pública", observou o ex-primeiro-ministro espanhol Felipe González, "mas quando se têm projetos políticos é preciso superar essas tensões imediatas que se criam com a população, a qual é desorganizada e reage às questões de maneira mais espontânea". Ele também afirmou:

Eles não estão tão bem organizados como um dia estiveram, com partidos ou sindicatos fortes, mas são capazes de reagir a uma realidade que muda de uma forma fragmentada e menos coesa. De modo que a liderança política deve conduzir as mudanças políticas, mas, por definição, a população, em todas as suas diversas manifestações, irá mudar de opinião o tempo todo. A grande pergunta agora vem a ser: como podemos ter liderança política tendo metas de médio ou longo prazo com uma população mais espontânea, ativa e diversa?[17]

Governança

Por mais tentador que pareça celebrar "amadores como nós" dando forma às poderosas redes sociais, não deveríamos ser menos cautelosos que os Pais Fundadores dos Estados Unidos na hora de trocar a monarquia pela massa livre de restrições institucionais e do fardo da experiência e qualificação. Como filhos do Iluminismo, os autores da Constituição se empenharam em colocar a "mente fria" das instituições deliberativas (legislatura representativa, Senado não eleito, a Suprema Corte) entre o poder e o exercício direto da vontade popular. Seu objetivo foi o de evitar tanto a tirania da maioria populista quanto o governo pelos não esclarecidos e inexperientes.

Como argumentamos em outros trabalhos e com frequência neste livro, a democracia eleitoral "um homem, um voto" hoje está em crise porque o interesse egoísta e imediatista expresso pelo eleitor individual, sem passar pelo filtro de poderosas instituições deliberativas atualmente desgastadas, não é coletivamente equiparável aos interesses sociais de longo prazo. Nas urnas, o varejo da racionalidade pode facilmente ter como soma uma loucura no atacado.

Isso pode ser visto de maneira mais clara na Califórnia, que pratica o mesmo tipo de democracia direta plebiscitária que os Pais Fundadores quiseram evitar depois da triste experiência de governo sob os Artigos da Confederação, com o absurdo resultado de que, para usar mais uma vez esse perfeito exemplo, o estado agora gasta mais em prisões do que em ensino superior.

O poder dado aos amadores e aquilo que chamamos de "Fox Populi", agindo sobre e contra elites e instituições através das redes sociais, é a democracia direta anabolizada. "Alertados sobre os problemas pelo compartilhamento de informação", diz David Brin, "os dois populismos da atual guerra cultural nos Estados Unidos – os que se opõem à cultura liberal e os que se opõem à ditadura dos profissionais que pensam que sabem tudo – atuam visceralmente de acordo com módulos preestabelecidos. Então você tem um monte de pequenas reuniões de Nuremberg por toda a internet".[18]

Sem freios e contrapesos, democracia direta propulsada pela internet pode minar a boa governança em vez de estimulá-la.

Anos atrás, ao discutir a midiacracia que levou à subida de Silvio Berlusconi, Gianni de Michelis, o ministro do Exterior italiano da época, argumentou que o Ocidente precisava de um "Montesquieu da era da informação".[19] Ele observou o seguinte:

> Em sua Constituição, os Fundadores dos Estados Unidos entenderam que um governo sensato deve impedir que o imediatismo e as emoções populistas ditem o exercício do poder. Se, por exemplo, interesses comuns de longo prazo, tais como a preservação do meio ambiente ou dos direitos humanos para todos, não servem de freio e contrapeso para os interesses imediatos do consumidor ou para a mentalidade estreita e temerosa dos racistas, o domínio sem mediações da opinião pública acabará por destruir a própria democracia.[20]

As massas inteligentes

Embora o poder de participação das redes sociais, conforme vimos no Egito e na Tunísia, possa dilacerar o poder ao mobilizar as diásporas dos desafetos, ainda nos cabe encontrar, através delas, os meios para a construção do consenso que possam estabelecer a legitimidade duradoura necessária para que uma autoridade seja capaz de zelar pelo bem comum e servir de base para a sociedade num longo prazo. Não se pode tuitar uma constituição.

Como assinala David Brin: "Twitter e Facebook são bons para unir de maneira simplista aqueles dispostos a agir. Mas essas interfaces desmoronam quando se trata dos processos inteligentes de negociação bem-pensada e solução de problemas."[21]

A crise de governança das democracias hoje resulta da "falta de deliberação". A deliberação é necessária para que a democracia produza coletivamente decisões inteligentes em lugar de uma política burra.

Sem mecanismos deliberativos para tomar decisões que pesem as consequências e tenham em conta vantagens e desvantagens, redes sociais que apenas intensifiquem a participação e a informação imediatas não farão mais que reforçar a "massa tola".

Transformar a "massa tola" em "massa esclarecida" é um dos desafios-chave da boa governança na era das mídias sociais.

Trazer processos deliberativos ao ciberespaço, aumentando a capacidade de grupos ad hoc de juntar informação, analisá-la, organizar propostas e argumentos, modelar resultados, comparar abordagens alternativas e negociar soluções híbridas de "soma positiva" – tudo isso junto ajudaria a forjar a multidão esclarecida (milhões delas), fazendo-a se afastar das multidões tolas que temos visto até agora.

Conforme mostrado pela experiência das pesquisas de opinião deliberativas – da Califórnia à China, do Japão à Europa –, o grande público não está tão polarizado quanto as elites políticas. Isso é especialmente verdade ainda nos Estados Unidos, onde os políticos são frequentemente conduzidos a extremos, por terem de apelar às margens que mobilizam o processo das primárias.

No entanto, o consenso pode emergir quando os cidadãos – selecionados como representantes indicativos do eleitorado em conjunto por meio de amostragem científica – são situados em uma zona despolitizada, ou em uma "ilha de boa vontade" além do alcance da "indústria da persuasão" que domina as eleições, e lhes são dados os fatos e o acesso a especialistas com pontos de vista opostos.

Embora a pesquisa de opinião deliberativa tenha sido realizada de maneira física – ao juntar duzentas ou quinhentas pessoas por meio de amostragem científica (diferentemente de Atenas há 2.400 anos, onde a assembleia de quinhentas era escolhida por sorteio) –, ainda não foi realizada virtualmente. O sucesso dos seminários on-line de universidades como Stanford – onde até 160 mil pessoas participam virtualmente e depois se relacionam em redes umas com as outras – nos dá uma ideia das possibilidades que encerram.

Editar e governar

A base de uma deliberação sólida é a informação neutra, objetiva e de qualidade.

Contudo, aqui também enfrentamos a mesma politização e polarização que são vistas na vida política. Assim como em sociedades democráticas as primárias conduzem a política a posições polarizadas, o imperativo de "monetizar a atenção", com nichos de mercado, contamina a qualidade objetiva da informação, que é editada para vender. Os blogueiros falam somente às suas próprias tribos. As pessoas apenas encontram a informação que procuram. A informação se converte em não comunicação.

A curadoria da informação – selecionando o que parece ter verdade e qualidade intelectual e o que pode comunicar além das fronteiras – é equivalente a governança por deliberação.

Meritocracia ágil

Brin[22] antevê mais adiante um sistema baseado menos em credenciais e mais na credibilidade conquistada de uma "reputação fluida, viva e palpitante". Uma vez que as redes sociais e o conhecimento compartilhado continuamente desafiam as elites e a meritocracia credenciada, é provável que o futuro traga uma nova "meritocracia ágil" cujo poder transitório cresça e diminua com base em reputação e desempenho. Essa nova meritocracia – uma descendente do teste meritocrático, mas com muito mais capacidade de auto-organização – poderá substituir elites consolidadas. É mais provável, no entanto, que acrescente uma periferia criativa e vibrante, que não deixa de requerer um núcleo de especialistas altamente responsivos.

Essa ideia de uma "meritocracia ágil" corresponde ao que outros teóricos das redes têm chamado de "elites transitórias" criadas pela mudança incessante provocada pelo "pêndulo do poder", que oscila entre os controladores e os controlados. Desde que essas elites estejam investidas de legitimidade de desempenho, conservam a lealdade de seus usuários. Caso contrário, os usuários se deslocam rumo a outros serviços alternativos que lhes ofereçam o que querem.

Contudo, sem o tipo de mecanismo deliberativo que discutimos, essa aceleração da transferência de poder é muito bem capaz de intensificar o viés de gratificação imediatista, de curto prazo, que caracteriza a democracia consumista. Os tweets que abalam a confiança com informação em tempo real também estão rompendo com vínculos e fronteiras que dificilmente serão restabelecidos. A gratificação merecida e a perspectiva de longo prazo serão ainda mais eclipsadas quando a sobrevivência das elites transientes depender de respostas políticas concebidas como soluções rápidas ou, no caso da mídia, de "monetizar a atenção" antes do rápido e próximo clique do mouse.

Uma narrativa comum versus a conectividade díspar
Como também aprendemos com as experiências dos "filhos do Facebook" no Egito e na Tunísia, o que mais importa no que se refere a um poder sustentado não é a conectividade, mas uma "narrativa comum" definida por e alinhada com interesses socioeconômicos reais. Se são os usuários que moldam a utilidade da mídia social, o que molda os usuários é a narrativa. As redes podem ser inteligentes, mas carecem de legitimidade em e por si mesmas.

Não há dúvidas de que em última instância o desempenho deve estar em sintonia com os anseios da narrativa comum, caso contrário a autoridade e a legitimidade se desgastarão. Mas uma narrativa compartilhada, não apenas informação compartilhada, é importante para prover a paciente lealdade necessária para que políticas de longo prazo tenham vez.

Se em certos momentos se cristaliza um tipo de "narrativa-relâmpago" que pode levar às ruas uma multidão dos conectados que do contrário estaria dispersa, esse tipo de narrativa por si só não é suficiente para mantê-la em posições de poder. Para tal, a hegemonia de uma visão de mundo compartilhada é necessária para vincular as pessoas a uma mentalidade unificada e definir com a autoridade o que está incluído e o que está excluído da agenda política. É o que os partidos islâmicos têm hoje no Egito. É o que falta aos espíritos livres do Facebook.

Equilibrando o Facebook e o Partido

A boa governança, então, requer um equilíbrio entre o poder de participação das mídias sociais e a autoridade governante estabelecido por uma narrativa em comum. O abençoado por Pequim ex-chefe executivo da turbulenta Hong Kong, Tung Cheehwa,[23] argumentou que as mídias sociais são muito boas para expressar as preocupações da população, mas que "o Facebook precisa ser equilibrado pelo Partido". É claro que o oposto também é verdadeiro: o Partido deve ser equilibrado pelo Facebook.

Segundo Norbert Wiener, "o pai da cibernética", os seres humanos respondem aos desafios de duas maneiras: ontogenética e filogeneticamente. As atividades ontogenéticas são organizadas e realizadas através de instituições centralmente, planejadas para moldar o desenvolvimento social. A reação filogenética é evolutiva, como as bactérias auto-organizadas que carecem de capacidade de precisão, mas reagem ao ambiente.

Essa relação, conforme assinalado por George Yeo, é tanto adversária quanto simbiótica. Hoje em dia a autoridade política é ontogenética, enquanto o ciberespaço é filogenético. A boa governança e a saúde das sociedades humanas dependem de como esses processos se equilibram entre si.

Às vezes isso exige uma instituição. A autoridade originada na multidão é boa para algumas coisas, mas não para outras. É boa para inovação e protesto; é ruim para governança.

É uma ilusão libertária acreditar que a distribuição de redes de amadores ou de "especialistas desconhecidos" possa administrar por conta própria uma sociedade com base em decisões racionais tomadas em interesse próprio. Afinal de contas, foram justamente as redes distribuídas de especialistas financeiros que levaram ao colapso de Wall Street. Coube à arcaica e pesada instituição do governo dos Estados Unidos resgatar o sistema.

O que sugerimos aqui, assim como ao longo do livro, é um novo modelo "híbrido" de governança que acomode a complexidade de jogadores mais diversos ao longo de estruturas hierárquicas com autoridade e capacidade, mais processos de construção de consenso e, ao mesmo tempo, mais sistemas de feedback para garantir uma capacidade de prestação de contas mútua.

Não existe uma resposta única. Certa dose de equilíbrio, dentro do sistema operante de governança, poderá funcionar ou não dependendo das condições. O sucesso somente resultará do "efeito de campo" originado de pôr em prática todos os elementos certos à medida que o exijam as condições in loco. Um homem, um voto, assim como o governo meritocrático, devem ser escalonados conforme as circunstâncias.

O mesmo acontece dentro das empresas. O Google requeria um tipo de governança mais recíproca e coletiva quando contava com apenas quinhentos funcionários. Agora que tem 50 mil e mercados pelo mundo inteiro, a complexidade exige mais hierarquia em nome da eficiência. A inovação, porém, deve ter seu espaço garantido para não ser eliminada pela eficiência.

Em resumo, a governança é um sistema operacional aberto que se baseia naquilo que funciona. Os mais adaptáveis sobreviverão.

Megacidades: o passado é pequeno
demais para ser habitado

Não é de se admirar que a trajetória do intelectual espanhol Manuel Castells o tenha levado da urbanologia[24] para as comunicações e a teoria.[25]

Para Castells, as megacidades que emergiram no século XXI – do tamanho de nações inteiras e com populações de entre 10 e 20 milhões de habitantes – estão se tornando menos um "espaço de lugares" e mais um "espaço de fluxos", nos quais as massas imigrantes deparam com redes eletrônicas que conectam distantes nódulos de informação, negociação, tomada de decisão e serviços avançados. Em vez de geradores de cultura distinta, as megacidades estão se tornando "zonas de pessoas e informações de alta mobilidade".[26]

Segundo o McKinsey Global Institute, a maioria das cidades desse tamanho estará na Ásia nos próximos 15 anos.[27] Tóquio, Seul, Xangai e Mumbai já têm populações de aproximadamente 20 milhões de habitantes, assim como São Paulo e a Cidade do México, na América Latina.

À medida que sua ligação histórica com o lugar se enfraquece, essas zonas urbanas se vinculam cada vez mais com "uma só cidade global", virtualmente conectada pelo alcance planetário da mídia e, economicamente, pelo comércio, as finanças e a distribuição global da capacidade produtiva. Isto cria uma nova dicotomia: quanto mais poderosas se tornam cidades como Londres e Mumbai ou regiões como o Vale do Silício quanto ao seu papel global, mais elas se divorciam do interior territorial.

O arquiteto e teórico urbano holandês Rem Koolhaas[28] tem de forma semelhante argumentado que o fato de a concentração populacional das megacidades ser crescentemente moldada por comércio, produção, consumo e finanças, mais do que por uma identidade histórica e local, tem feito do passado um "lugar pequeno demais para ser habitado", dando à luz o tipo de "cidade genérica" que se vê por toda a Ásia, particularmente na China. Para Koolhaas, a "nova norma tem encontrado sua síntese em Cingapura – com um desavergonhado confucionismo servindo de núcleo duro, uma espécie de poder supremo da eficiência que servirá de combustível para a modernização da Ásia".[29]

No entanto, a própria complexidade dessa megacidade interconectada e globalizada, com os inevitáveis brotos de diversidade que a natureza humana faz surgir por entre as rachaduras das lousas da conformidade, desafia as melhores intenções de hierarquia autoritária. Mesmo numa megacidade projetada para a eficiência, a condição metropolitana reemerge onde, conforme afirma Koolhaas, muitos eventos acontecem simultaneamente e espontaneamente sem coordenação, "como na internet".[30]

O cingapurense George Yeo[31] entende isso, tendo perdido seu assento parlamentar para o governante do Partido da Ação Popular de Lee Kuan Yew, em 2011, em uma campanha em que as mídias sociais desafiaram a elite distante, paternalista e insular desse Estado-nação.

Segundo Yeo, a internet expressa a complexidade das relações urbanas de hoje, a qual desestabiliza as hierarquias tradicionais da ordem agrícola e rural sobre a qual foi fundado o confucionismo. O mesmo se pode dizer do Partido Comunista Chinês. Organizado como um movimento camponês, ele agora comanda um país onde metade da população é urbana.

Como argumentamos ao longo do livro, se o moderno mandarinato da China não criar um espaço de participação para as crescentemente conectadas vozes urbanas desse imenso país – como Cingapura está sendo forçada a fazer por meio de seu espaço político semiaberto –, a consequência será uma quebra de sua frágil autoridade. Contrariamente, como argumentamos, se a diversidade fomentada pela tecnologia continuar erodindo qualquer sentido de associação cívica no Ocidente, a democracia, dividida contra si mesma, fracassará. Ao olhar para um futuro comum, cada um precisa encontrar equilíbrio a seu modo.

Feedback de autogoverno

Encontrar o ponto de equilíbrio implica resolver um paradoxo. A intensificação de sistemas participativos de feedback, por meio de uma conectividade urbana e próxima, pode permitir que a autogovernança se torne mais inteligente. Como disse o arquiteto e ecologista Paolo Soleri,[32] a distância e o tempo que bloqueiam a resposta informativa serão praticamente eliminados pela crescente densidade das conexões, imitando assim os circuitos em miniatura do cérebro humano.

Para Jack Dorsey, do Twitter, o "tempo de reconhecimento"[33] por meio de sistemas de feedback de conexão imediata pode contribuir para a qualidade da governança, uma vez que facilita o uso efetivo da melhor informação em tempo real.

Todavia, ao amplificar o comportamento individual em múltiplos milhões de vezes, o impacto coletivo da escolha individual nessa condição megaurbana pode também prejudicar o bem comum. Depois de certo limiar, como vemos hoje em toda parte, de Istambul a Pequim, a mobilidade individual de incontáveis automóveis pode ter como soma a imobilidade do engarrafamento. A emissão de gás carbônico de milhões de carros individuais em cidades com milhões de pessoas pode contribuir para a mudança climática.

Para entender o seu potencial, o mundo megaurbano precisa de um novo "software cívico" que não apenas fomente a inteligência da conectividade através de transparência e participação, mas que também equilibre os indivíduos a quem se deu poder e as redes sociais com instituições que filtrem as escolhas de interesse próprio e de curto prazo.

Em termos ambientais, a inteligência eficiente da densidade conectada irá necessariamente colidir com o desejo industrializado da cultura consumista resultante da escolha individual. Frugalidade, o sábio cônjuge dos recursos limitados, se tornará a maior virtude cívica em um planeta urbano.

Aqui, também, o novo "software cívico" que põe na balança o indivíduo e a comunidade consiste em delegar, envolver e dividir a tomada de decisões.

Esse "software físico" troca novidade pela nostalgia de um passado que deixou de ser habitável, mas reafirma a identidade política e cultural do lugar frente ao "espaço de fluxos" para criar um equilíbrio entre identidade local e interdependência global. Procura utilizar redes, em vez de ser utilizado por elas, por meio do fortalecimento dos nódulos de governança nos lugares onde a proximidade entre governante e governado o legitime. As cidades são também a maior escala onde indivíduos e pequenos grupos ad hoc ainda podem fazer uma grande diferença. Elas são o locus global onde problemas tanto grandes quanto pequenos demais para o Estado-nação devem ser resolvidos.

Particularmente com relação a questões globais como mudança climática, onde é difícil chegar a entendimentos por meio de reuniões de cúpula, as regiões urbanas ou entidades políticas subnacionais como os estados norte-americanos ou as províncias chinesas – afinal, os principais emissores de carbono que aquecem a atmosfera – podem adotar medidas mais diretas e efetivas que os Estados-nação. Por exemplo, cidades como Portland, Hangzhou e Nova York, assim como o estado da Califórnia, tomaram suas próprias medidas e se uniram a outras em nível subnacional para implementar estratégias de crescimento limpo.

Embora vinculadas através da globalização, as regiões urbanas ou cidades-estado podem adotar diferentes valores sociais de outras, ou se juntar a outras cidades além das suas fronteiras que compartilhem esses valores. Como Daniel Bell e Avner de-Shalit assinalaram:

> A ideia de que as cidades têm diferentes etos – um modo de vida compartilhado que informe o pensamento e os juízos de seus habitantes – tem uma longa história. Na antiguidade, Atenas era sinônimo de democracia enquanto Esparta representava a disciplina militar. Jerusalém expressava valores religiosos, e as cidades gêmeas que configuravam a capital da dinastia Zhou, em Louyang, floresciam como metrópoles comerciais.[34]

Imprimindo um enfoque bem mais positivo que o de Rem Koolbraas ao significado da experiência de Cingapura, George Yeo crê que o futuro pertence a regiões megaurbanas nas quais o passado talvez tenha se tornado pequeno demais para se habitar, mas nas quais o Estado-nação, e certamente o mundo integrado, é grande demais para ser governado. Ele afirma que "a revolução da informação não fará do mundo uma massa amorfa de entidades políticas enfraquecidas, mas o transformará em unidades de poder mais eficientes – cidades como foram as grandes cidades-nação da Europa e da China antes da era dos impérios".[35]

Olhar para cidades-nação como nódulos distintivos em uma rede global é também crucial para fortalecer a legitimidade da governança em um mundo interdependente e com entidades plurais. A coexistência de jurisdições plurais ligadas por interesses comuns mas não reduzidas a uma identidade comum é o modus vivendi conveniente pelo qual esse enigma global/local pode ser resolvido. "Um mundo, porém muitos sistemas", alcançando autonomia por meio de transferência de competências é a alternativa tanto para o "choque de civilizações" quanto para o "fim da história", onde um modelo global se encaixa em todos.

Em uma linha similar à visão de George Yeo, o filósofo britânico John Gray também especulou que a circunstância que estamos adentrando "assemelha-se mais ao fim da Idade Média" que ao período moderno. Ele escreve:

> A Idade Média foi um tempo de jurisdições plurais, um tempo que precedeu o Tratado de Westfalia, quando os clamores absolutistas do Estado moderno ainda não haviam sido aceitos. Eu tendo a partilhar do entendimento de Isaiah Berlin pelo qual, em alguns aspectos, a Idade Média foi mais civilizada e pacífica que a nossa, de guerras mundiais. E isso se deu precisamente porque todas essas jurisdições tinham que negociar umas com as outras a respeito de seus poderes e interesses, sem que nenhuma fosse poderosa o bastante para dominar a outra.[36]

Por mais que o Estado-nação ainda seja o computador central da identidade, o advento das redes, o alcance da mídia, as cadeias globais de suprimento, a divisão de trabalho especializada da produção global, fenômeno que discutiremos nesta seção, contribuem para que surja a possibilidade de que cidades-região encruzilhadas se tornem o ponto-chave para a governança num mundo globalizado.

Capacidades de produção globalmente dispersas

O poder das cidades e suas regiões imediatas tem crescido de tal forma neste mundo urbano que certos prefeitos conseguem exercer tanta influência quanto líderes nacionais. Somente seiscentas cidades respondem por 60% do PIB global.[37] Esses nódulos "deslocalizados" de conectividade e concentração populacional que crescentemente se afastam dos seus interiores têm também se tornado os entrepostos de mobilidade, capital e tecnologia na divisão global de capacidades produtivas. A fragmentação do processo industrial, permitida por uma série de avanços tecnológicos, de navios porta-contêineres a logística em tempo real, está alterando os padrões tradicionais de comércio e emprego baseados no arcabouço do Estado-nação. Hoje os produtos não são precisamente fabricados na China, nos Estados Unidos ou na Europa, porém "fabricados no mundo" por meio de cadeias de fornecimento estendidas ao longo de um arquipélago global de locais de produção.

Conforme demonstrado por Cingapura, cidades-Estado são unidades políticas mais eficientes e ágeis que nações pesadas e de reação lenta quando se trata de ajustar-se rapidamente à sempre cambiante mobilidade global de finanças, tecnologia e tarefas. O ambiente fiscal e regulatório local, bem como os sistemas educacionais, pode ser mais flexível, de forma a atrair a indústria, os serviços e as aptidões que gerem riqueza.

Não há quem entenda mais do impacto que têm as capacidades produtivas globalmente dispersas sobre o comércio e o emprego que Pascal Lamy, o diretor-geral da Organização Mundial do Comércio:

> Um total de 60% do comércio internacional dos países asiáticos concentra-se na própria zona asiática, a área que testemunhou a mais aprofundada integração de suas cadeias produtivas, com a manufatura de peças e unidades semimontadas que então se juntam a componentes que logo se combinam com componentes

que por sua vez são compostos por elementos de diferentes países, então o conjunto acaba na China, para a montagem antes da exportação para EUA, Europa e demais localidades.

O processo de fragmentação entre diferentes países e tipos de trabalho é efetivamente ilustrado pela cadeia de produção de certos produtos emblemáticos tais como o iPad, uma parte do qual é montado em Chengdu, na China ocidental.

Mais de 100 mil pessoas trabalham numa fábrica que apenas "fabrica" uma parte: revestimento de alumínio do iPad. O restante das atividades da fábrica consiste em alternar operações de montagem com aplicação de testes técnicos.

Circuitos logísticos são enormemente complexos, e eles levam oito horas para montar os componentes de um iPad devido à grande quantidade de controles de qualidade necessários. O valor agregado por essa fábrica chinesa responde por 5% do preço de compra do iPad, enquanto o valor agregado nos Estados Unidos ao mesmo iPad, montado na China e exportado para os Estados Unidos, é mais de vinte vezes mais alto.

As cadeias produtivas globais mudam constantemente em um movimento contínuo que envolve alocação e realocação de trabalho e capital em resposta às oportunidades percebidas pelas empresas, a um ambiente regulatório em mudança, e a mudanças nas barreiras comerciais. A execução de tais tarefas, uma vez feita num dado país, por uma dada empresa e baseada no uso de uma mão de obra extensiva, pode agora mudar brutalmente para outro país e outra empresa com diferentes meios de produção.

Não é mais uma questão de comércio de bens e serviços mas de "comércio de tarefas".[38]

Um dos maiores desafios à Globalização 2.0 é saber como os custos e benefícios podem ser distribuídos de maneira mais uniforme ao longo das cidades-região emergentes e do interior que se esvaziam como resultado desse processo descrito por Lamy.

Se a capacidade de se globalizar onde a produção é mais eficiente difunde crescimento e emprego por todo o planeta, especialmente nas economias emergentes, também afasta as oportunidades dos mercados de trabalho do mundo avançado, mais envelhecidos e mais caros.

Evidentemente isso é uma má notícia para países europeus dotados de sistemas amplos de seguridade social, ou mesmo para os Estados Unidos com suas pensões generosas já pagas ao operariado de classe média. Conforme a preocupação de Lamy, "os tecidos social e econômico não se desenvolvem na mesma velocidade".[39] Por causa da competição global, a população nas economias avançadas é forçada a trabalhar mais intensamente e por mais tempo em troca de um salário menor. A distribuição de renda piora e a política, nesses países onde as pessoas têm mais a perder, dificulta a que se elabore uma resposta comum e global a essa imensa mudança estrutural.

A melhor opção para os países avançados, considerando que sua fatia fabril cai bem abaixo dos 30% do produto global que detinha no pós-Segunda Guerra Mundial, não é a de buscar os "preços competitivos" empreendendo uma corrida. Seria muito melhor atrair as tarefas de produção de "descendente não competitivas em preço", tais como inovação, especialização e serviços com alto valor agregado. Isto depende de informação de ponta e infraestrutura física, excelência em educação e treinamento, bem como de uma qualidade de vida atraente nas cidades-região que abriguem a economia global.

As cidades-região e os Estados-nação do mundo avançado precisam de uma agenda estratégica para abordar o desafio estrutural em vez de ficarem à deriva e torcerem pelo melhor.

Na reunião do Conselho para o Século XXI que se realizou em Paris em outubro de 2011, tanto Michael Spence quanto Mohammed El-Erian[40] argumentaram corretamente que o caminho para que as economias avançadas voltem aos eixos é livrar-se da "mentalidade cíclica", que dá por certo que vão se recuperar depois da cessão, e adotar em seu lugar a "mentalidade estrutural", que visa a incentivar investimentos em educação e infraestrutura capazes de aprimorar a competitividade que se dá não pelo preço.

A fim de que nações ou cidades-região se adaptem a essa nova divisão global de trabalho, deve-se mudar a forma de calcular as balanças comerciais de modo a evidenciar onde se agrega valor ao produto final em vez de evidenciar de onde o produto é exportado ou para onde é importado.

Como diz Lamy:

> Os desequilíbrios no comércio bilateral tornam-se sem significado quando as exportações chinesas para os Estados Unidos contêm quase 50% de valor agregado chinês enquanto as exportações dos Estados Unidos para a China contêm de 80% a 90% de valor agregado americano. Economicamente, não faz sentido continuar calculando as balanças comerciais como fazemos hoje. O que precisamos monitorar é o efetivo valor agregado que se dá em cada país, não o valor total de bens e serviços importados e exportados.[41]

Essa nova realidade dos fluxos de comércio devido à distribuição global de produção e da emergência de cidades-região cada vez mais autônomas abaixo do nível de Estado-nação – mas conectadas globalmente – apresenta o potencial para um equivalente do século XXI da Liga Hanseática que prosperou ao longo do Báltico entre os séculos XIII e XVII.

O que o fundador do LinkedIn, Reid Hoffman, descobriu na paisagem profissional do Vale do Silício será também aplicável à nova rede de comércio e produção das cidades-região: "As identidades são estabelecidas por meio daqueles a quem você se conecta e pela forma como você organiza a sua rede. As redes aumentarão a estabilidade e a produtividade. Quando você conduz suas decisões econômicas através de uma rede, o que você tem é um sistema muito mais inteligente e adaptável."[42]

UMA NOTA SOBRE A DISTRIBUIÇÃO DE RIQUEZA

As oportunidades criativas apresentadas pela economia do conhecimento, as megacidades competitivas, a mobilidade dos fatores de produção, as tecnologias de formação de redes que aumentam a produtividade e a escala global dos mercados são imensas. Mas isso também implica quebras de vínculo destrutivas em um escopo que pode tornar Karl Marx novamente relevante.

O divórcio que se dá entre cidades e regiões – com suas concentrações de indivíduos megabilionários e empresas com acesso aos mercados globais – e os grotões do país é uma dessas rupturas de vínculo. Isto se conjuga com o crescente divórcio que põe de um lado a produtividade e a riqueza que se baseiam em tecnologias e redes e, do outro, o emprego. Daí a nova realidade de países ricos com pessoas pobres e países pobres com pessoas ricas – um planeta de favelas sob o brilho da globalização, como o majestoso arranha-céu da Ambani em Mumbai, ou uma avaliação de mercado de 100 bilhões de dólares para o Facebook, ainda que a taxa de desemprego seja de 11% em seu estado natal, a Califórnia.

É essa combinação de escala global, saltos de produtividade e concentração de riqueza separada de território e população que ressuscita o espectro de Marx. Se a boa governança não é capaz de gerar o crescimento inclusivo, terá de gerar redistribuição de uma forma ou outra.

Notavelmente, alguns economistas chineses o consideram um sistema econômico misto – uma combinação de grandes iniciativas estatais e iniciativas privadas – como chave para cobrir a lacuna onde tantos caem durante o criativo e destrutivo processo de inovação. Desacelerar a inovação a fim de garantir a estabilidade do emprego é algo visto como socialmente eficiente mesmo que dificulte a eficiência de mercado.

PODER SEM RAÍZES

Conforme assinalou o futurólogo Alvin Toffler décadas atrás em seu livro *A terceira onda*,[43] o conhecimento suplantou tanto a terra quanto a indústria como fonte básica de riqueza em nossos dias. A velocidade com a qual as tecnologias da informação adentraram nossas vidas e ampliaram nossas capacidades ultrapassou as formas convencionais, tais como o Produto Interno Bruto, de mensurar seu impacto. Sistemas de medida tradicionais são insuficientes para capturar o vastamente ampliado – capaz de verdadeiramente virar o jogo – valor da tecnologia.

O valor agregado através de uma busca no Google, uma conexão no LinkedIn, um amigo no Facebook, ou comunicação via celular onde não há linhas fixas, é impossível de ser calculado pelos modos tradicionais de mensurar unidades físicas de produção. O que hoje são empresas de informação valendo bilhões nasceu em dormitórios onde não havia capital além da imaginação algorítmica dos *geeks*.

Num mundo assim, poder é sinônimo de acesso a conhecimento. Como, pelo menos em teoria, a entrada é permitida a todos que portem uma mente e um dispositivo móvel, isso também significa que as aptidões associadas ao poder do conhecimento podem estar em qualquer lugar ou ir para qualquer lugar. Aquele que possua tal capacidade móvel não estará limitado – seja de maneira funcional ou moral – por nações, tribos, grotões ou comunidade. Isto, além de criar oportunidades, também gera desigualdade.

Cada sistema de governança deverá adaptar-se a seu modo ao poder de participação das redes sociais, à emergência das megacidades e à divisão global do trabalho, que espalha pelo planeta as tarefas de produção, ou fracassará. Em cada caso a solução reside nos três princípios da governança inteligente – delegar, fomentar a participação e dividir a tomada de decisões.

No próximo capítulo desenvolveremos em detalhe o modelo da governança inteligente.

Parte II
Governança inteligente

Teoria e prática

5
Governança inteligente[*]
Princípios e modelo

Introdução

Conforme discutimos, as novas condições da interdependência global e da diversidade crescente amplificada pelas novas tecnologias da sociedade do conhecimento tanto requerem como permitem estruturas mais inteligentes de governança, indo do nível das megacidades emergentes – algumas do tamanho de nações inteiras – ao Estado-nação, o qual, a despeito de suas limitações, continua sendo a principal fonte de identidade histórica.

Ainda que qualquer sistema de governança, como observamos, precise acomodar a nova realidade de distribuição de poder por meio de novas formas de participação, caso queira se manter legítimo, é também verdade que precisa, ao mesmo tempo, encontrar meios efetivos de gerenciar níveis a complexidade em seus níveis mais altos, tanto dentro como entre estados e nações.

---

[*] As ideias que aparecem nas próximas páginas deste "exercício de imaginação política" surgiram através de uma série de discussões, ao longo de vários meses de 2010, entre os autores e um pequeno grupo de especialistas que incluiu Bin Wong, diretor do Instituto Asiático da UCLA; Tom Schwarz, professor de ciência política na UCLA; e Marty Kaplan, diretor do Norman Lear Center e professor pesquisador na Escola Annenberg de Comunicação da Universidade do Sul da Califórnia.

Democracia esclarecida

Na prática, isto significa que o poder de tomada de decisão deve ser o máximo possível descentralizado para comunidades de cidadãos ativos nos domínios de sua competência. Em suma, deve *delegar* e *envolver* mais além do que permitem os velhos sistemas nos quais a massa escolhe governantes distantes em eleições um homem, um voto, mas onde sua voz não conta. Um "eleitorado inteligente" é condição indispensável de uma *democracia esclarecida*.

Meritocracia que presta contas

A fim de gerenciar a interdependência, as interações e a integração de um poder tão amplamente distribuído, é preciso também estabelecer maior capacidade política no topo, de maneira a se ter uma visão de longo alcance e do sistema como um todo – dividir a tomada de decisões com base em capacidade. Aqueles que habitem tais alturas devem possuir não apenas a especialização técnica exigida, mas também a sabedoria prática proporcionada pela experiência e pelo conhecimento do precedente histórico. Eles devem, de fato, compor uma meritocracia instruída.

Diferentemente dos guardiões de Platão ou dos antigos governantes eruditos da China, a classe meritocrática da era do conhecimento não deve se bastar por si mesma e deve necessariamente prestar contas.

Embora isolada intencionalmente das pressões imediatas e em interesse próprio da democracia eleitoral, a legitimidade determina que qualquer entidade meritocrática deve, no entanto, ser oxigenada regularmente de forma a não se tornar conservadora. Deve ser institucionalmente supervisionada pela população e por representantes democraticamente eleitos que lhe deleguem autoridade. Na "sociedade transparente" dos dias de hoje, a informação amplamente compartilhada entre o público das redes – "democracia vigilante" – deverá necessariamente fornecer um contrapeso adicional à meritocracia da mesma forma como o faz com relação a qualquer capacidade profissional.

O principal desafio quanto a conceber um sistema sustentável de boa governança é o de guardá-lo da influência dos grupos de pressão e da política dominada pelas pressões populistas de curto prazo, que são magnificadas pela democracia direta e em tempo real das mídias sociais, ao mesmo tempo em que se deve encorajar a mais ampla participação popular de forma a garantir prestação de contas e consentimento.*

Neste capítulo, propomos um modelo que busque alcançar a "governança inteligente" mediante a combinação entre a democracia responsável, cujo eleitorado é instruído, *organizada em uma escala humana,* com a meritocracia prestadora de contas.

A boa sociedade

Uma boa sociedade não consegue determinar resultados, mas pode conferir a todos um começo equitativo na vida, permitindo que os mais excepcionais e empreendedores tenham realizações, mas sem sabotar as chances dos menos ambiciosos. Sem dúvida, economias de mercado são as que mais geram oportunidades de emprego e riqueza. A competição também obriga a um governo mais disciplinado.

---

*Esta é uma das principais lições de Francis Fukuyama depois de um exame exaustivo sobre a ascensão e queda das melhores práticas estatais no Império Otamano e do milenar mandarinato chinês. (F. Fukuyama, *The Origins of Political Order: From Prehuman Times to the French Revolution,* Nova York, Macmillan, 2011).

Sob o pacto social ideal da governança inteligente, o governo forneceria os meios de bem-estar e realização pessoal para todos através de mínimos sociais, garantia de direitos humanos básicos, liberdade de expressão, e efetivo estado de direito.* Desnecessário dizer que o objetivo utópico de um mínimo social não é menos desejável, ainda que esteja longe da realidade econômica e política na maioria dos países. No entanto, imaginar o que é que constitui uma sociedade boa e justa, como argumentou todo mundo, de Karl Marx[1] a John Rawls,[2] deve começar por essa ideia. Sem dúvida, os desafios de conceber um sistema econômico com o devido conjunto

---

*Sob uma "governança inteligente", uma declaração de direitos que proteja as liberdades individuais seria parte da constituição: liberdade de consciência/religião (ou seja, estado secular); liberdade de expressão; liberdade de associação/formas de vida familiar; direito à privacidade; e liberdade moral para todos se este exercício não acarrete prejuízos a terceiros.

A justiça será rápida e transparente sob o estado de direito, incluindo habeas corpus.

Os mínimos sociais garantidos no pacto social da governança inteligente incluirão: assistência médica universal; moradia acessível e acesso à alimentação; educação de qualidade; direito a emprego e escolha de ocupação e sua localização; acesso à comunicação e tecnologia; um meio ambiente limpo e saudável; acesso à administração e serviço governamentais; garantia de segurança pessoal e busca e manutenção da paz por parte do governo e com outras nações.

Além disso, os cidadãos podem reivindicar direito ao ócio, às oportunidades culturais para criar e cultivar, à convivência e à diversidade de estilos de vida.

Cingapura, por exemplo, provê estes mínimos com uma viva compreensão da natureza humana e da arte da governança. Ao mesmo tempo em que a cidade-Estado se mostra intransigente contra a corrupção, garante oportunidades de transporte, educação de qualidade e moradias decentes, consolidando a relação da população com o sistema e incorporando sua legitimidade. Ao mesmo tempo em que se dirige aos pobres com subsídios para moradia e salário mínimo, os governantes de Cingapura foram cuidados ao extirpar a cultura da dependência da assistência social. Por exemplo, seus programas assistenciais exigem trabalho em troca de benefícios proveniente de um fundo de caridade administrado pelo primeiro-ministro. Em outras palavras, não há garantias sem a responsabilidade do trabalho em troca.

de incentivos e penalidades que o tornem não só eficiente como justo são de fato muito grandes. O ideal em si fica sendo uma medida da ambição moral que deveria conduzir a boa governança.

Em qualquer sociedade equilibrada, direitos devem atrelar-se a obrigações. Em troca de mínimos sociais garantidos e demais "bens públicos", espera-se que os indivíduos participem responsavelmente como cidadãos informados e civicamente letrados de sua comunidade. Uma sociedade interconectada de horários flexíveis permite um investimento muito maior de tempo e compromisso por parte do cidadão nos assuntos públicos que transcendem sua vida privada.

Assim como sugere maior equilíbrio entre direitos e deveres dos cidadãos, a governança inteligente também se propõe a contrabalançar os impulsos populistas e partidários ao institucionalizar a perspectiva do longo prazo e do bem comum em um forte corpo deliberativo isolado da política eleitoral direta, bem como estabelecendo uma administração capaz e independente, que fique além do alcance dos grupos de pressão.

O poder de os cidadãos influenciarem a "governança inteligente" deveria ser relativo à extensão de sua participação atenta e informada na vida política da comunidade. Cidadãos que escolham abrir mão da participação ativa podem fazê-lo na esperança de que seu consentimento à delegação de autoridade obrigue a que haja qualidade e competência administrativa. Quanto menos poder o cidadão escolher assumir, mais poder será implicitamente concedido às instituições governantes.

A governança inteligente é antiburocrática. O governo deve ser inteligente, mas também o mais enxuto possível – forte porém limitado. A questão não é governo grande ou pequeno, mas boa governança na qual o poder seja descentralizado e distribuído onde apropriado e onde a autoridade seja delegada onde a competência se imponha.

Modelo da governança inteligente

A melhor maneira de garantir a governança inteligente seria por meio de uma democracia constitucional mista, que combine participação ativa dos cidadãos no nível da comunidade e eleições democráticas legislativas e presidenciais, as quais, por sua vez, deleguem autoridade, por meio de indicação seletiva, para instituições meritocráticas independentes. Como um contrapeso final ao poder, o eleitorado como um todo teria o poder de, por meio de referendo periódico, avaliar as políticas de governo.

Essa democracia constitucional dividir-se-ia em diversos ramos independentes. Tais ramos seriam: a) Legislativo, com uma Câmara Baixa indiretamente eleita e uma Câmara Alta selecionada; b) um poder executivo eleito pela Câmara Baixa; c) e uma presidência coletiva selecionada em Quadrunvirato. A autoridade independente seria delegada a: d) o Judiciário; e) o Banco Central; f) a Agência de Recursos Humanos; e g) o Escritório de Integridade Governamental. O eleitorado geral, conforme observado, teria o recurso último das políticas de referendo.

A liberdade de expressão constitucionalmente garantida é de importância fundamental, a fim de permitir uma "democracia vigilante" robusta por parte da sociedade civil fora das estruturas formais de governo, o que inclui as redes e mídias sociais. Devido à vasta proliferação de plataformas de mídia e a consequente avalanche de informação no século XXI, uma agência de mídia independente que seja o referencial para uma informação neutra e objetiva – ainda que com as necessárias salvaguardas contra controle político – teria que ser estabelecida como um fundamento indispensável para uma deliberação democrática.

Não há dúvida de que questões morais e políticas associadas a tecnologias que mudam as fronteiras da condição humana precisariam, um dia, de um órgão supervisor representando a sociedade – talvez mesmo uma agência como a Organização Mundial da Saúde, que garanta acesso bem como proteja a população em áreas indo da pesquisa com células-tronco até a energia nuclear.

As características-chave da governança inteligente são ilustradas na Figura 5.1

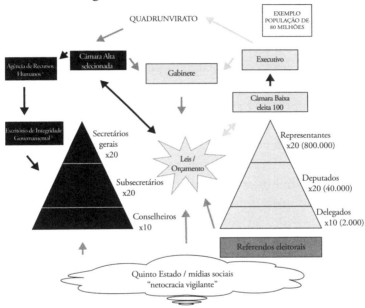

Figura 5.1 Características da governança inteligente (cortesia de Alexander Gardels)

Democracia baseada na comunidade

Todos os cidadãos poderiam participar através do sufrágio em um sistema eleitoral de "um homem, um voto". No nosso exemplo, de uma estrutura piramidal de quatro níveis com uma base ampla, associações de cidadãos em escala humana elegeriam delegados qualificados, os quais, por sua vez, elegeriam deputados qualificados. Esses deputados então elegeriam representantes que elegeriam membros de uma legislatura/parlamento.

De maneira complementar, de forma a encorajar a colaboração próxima entre administradores governamentais e cidadãos, autoridades administrativas seriam designadas para fornecer serviços públicos e supervisionar o desempenho em cada nível paralelo de eleição.

A finalidade de uma estrutura piramidal de governança é a de fomentar o espírito comunitário em escala humana – poder horizontal – por meio de associações de base ativas formadas por eleitores esclarecidos e bem-informados. Votos locais para cargos distantes minam a legitimidade de democracias maiores uma vez que diminuem o significativo input dado por cada eleitor individual. É uma forma de negação dos direitos dos cidadãos disfarçada de participação.

No nosso exemplo, um país de 80 milhões de habitantes seria dividido em cem grandes distritos (800 mil votantes). Cada um desses distritos seria dividido em vinte de tamanho médio (40 mil votantes), e cada um desses distritos de tamanho médio seria dividido em vinte distritos pequenos (2 mil votantes).

Cada distrito pequeno elegeria dez delegados locais, cada um representando duzentos eleitores. Ao usar, nos distritos, a VUT, ou Voto Único Transferível, os delegados eleitos refletiriam um microcosmo do eleitorado como um todo. (Este sistema é usado na Austrália, Irlanda e em Cambridge, Massachusetts, entre outros lugares. Em essência, em sucessivas rodadas de votação, as preferências são transferidas para os candidatos que permanecem após cada rodada eliminatória, até que se alcance uma cota vencedora. O sistema provê incentivos para acordos interpartidários através dessa troca recíproca de preferências. A VUT também propicia uma melhor oportunidade de eleger candidatos independentes e populares mais do que aqueles que constem numa lista partidária, haja vista que os eleitores escolherão entre candidatos e não entre partidos.)

Esses dez delegados iriam se reunir, deliberar, e eleger um de seus membros como deputado em um conselho regional de vinte membros, o qual, por sua vez, elege um de seus membros para integrar um conselho provincial com vinte membros. Cada conselho provincial então elege um membro para o parlamento/legislatura, totalizando cem membros. Isto significa que o parlamentar/legislador seria diretamente contemplado com vinte eleitores com os quais teria efetivas comunicação e deliberação (em contraste com a razão de 800 mil/1 no caso de ele ser eleito pela população de forma geral).

Cada nível mais alto de representação não se resume a ser eleito pelos níveis mais baixos. Caberia aos candidatos demonstrar as capacidades – conhecimento e experiência – compatíveis com um nível mais alto de responsabilidade.

A razão para essa abordagem indireta pela qual um parlamento/legislatura se elege através de uma estrutura piramidal é a remoção da distância entre representante e representado em cada nível. Quanto maior o eleitorado, mais distância haverá entre o cidadão individual e a pessoa que ele eleger. Todavia, quanto menor a população, de mais difícil gestão será a entidade legisladora, tendo em vista que terá tantos membros que a deliberação ponderada será impossível. A solução é dividir o sistema político em unidades funcionais, em escala humana, com cada órgão sucessivamente elegendo o seguinte.

Nessa estrutura piramidal sucessivamente eleita, indo da base ao topo, os eleitores em cada nível teriam uma voz muito mais efetiva na configuração da agenda política ao darem ênfase à deliberação em grupos pequenos; também teriam mais resposta do governo através da coordenação com conselheiros administrativos designados para seus respectivos níveis a fim de implementar políticas e fornecer serviços. Colaboração estreita e feedback – incluindo o que se dá pelo uso intensivo das mídias sociais – constituiriam um controle público de base sobre a burocracia.

O que o eleitorado como um todo poderia perder, por meio da eleição direta de um parlamentar, seria mais do que recompensado por uma verdadeira voz dos cidadãos a respeito da qualidade da deliberação, dada a proximidade com a autoridade eleita em seu nível de participação.

Todos os cidadãos estariam aptos a votar, mas teriam que ser incentivados para tal e ter os meios para serem responsavelmente informados.

Os candidatos teriam que receber um número mínimo de assinaturas e terem demonstrado liderança ou experiência comunitária, ou obtido uma pontuação mínima em um teste abrangente sobre cívica/questões para ser apto a concorrer em eleições. Todos os candidatos precisariam manifestar suas posições em uma lista completa de questões de interesse público, de maneira a não serem julgados por aspectos individuais, mas pelo conhecimento pleno, ou falta dele, a respeito de todas as questões importantes da atualidade. Uma vez que todos teriam que expressar suas posições a respeito de questões relevantes, os eleitores teriam uma ideia clara do que esperar dos líderes eleitos, criando assim um campo nivelado para os candidatos.

Uma Comissão de Práticas Políticas Justas, formada por cidadãos independentes, monitoraria todas as eleições, a fim de identificar quaisquer irregularidades e rebater falsas alegações da imprensa. Um comitê conjunto de cidadãos e especialistas em cada nível formularia a lista das questões à qual os candidatos teriam que responder.

A QUALIDADE DOS ELEITORES

A democracia funciona melhor quanto mais capacitado for o eleitor. Alguns argumentam que os eleitores deveriam ser classificados a fim de que seus votos tivessem diferentes pesos. Num cenário assim, a aplicação de provas, cujo escopo fosse do conhecimento jurídico às questões relevantes a uma dada eleição, resultaria numa pontuação que iria, digamos, de 1 a 5. Quanto mais alta a capacidade do eleitor, conforme evidenciado por sua pontuação, mais o seu voto contaria.

Chad Hurley, o criador do YouTube, está entre os que sugeriram que os votos dos eleitores tivessem peso de acordo com seu conhecimento das questões sobre as quais pretendem decidir por meio do voto. Paradoxalmente, ele argumenta que, como a sociedade do conhecimento é mais complexa, é crucial que os eleitores possuam um determinado pré-requisito de conhecimento, de forma a que as democracias inundadas pela informação não resultem em governos regidos pela ignorância ou pela falta de informação.[3]

Em seu livro de 2006, *The Myth of the Rational Voter* (O mito do eleitor racional), Bryan Caplan, que também defende os testes para avaliar os eleitores, cita o economista Frederic Bastiat ao dizer que...

> ... o direito ao sufrágio se apoia na presunção de capacidade... E por que a capacidade seria uma causa para exclusão? Porque não é o eleitor sozinho quem deve arcar com as consequências de seu voto; porque cada voto envolve e afeta a comunidade como um todo; porque a comunidade tem o direito de requerer algumas garantias quanto aos atos dos quais dependem seu bem-estar e sua existência.[4]

Considerando a história de discriminação (questões de propriedade e de raça) que tem acompanhado os testes de avaliação de capacidade eleitoral, é difícil imaginar qualquer democracia adotando tais práticas hoje.

Todavia, fica claro que as escolhas responsáveis feitas por um eleitorado informado são a melhor defesa da democracia. Um eleitorado desinformado fazendo escolhas igualmente desinformadas é algo que apenas prejudica a democracia.

Uma opção mais viável, que discutiremos em mais detalhe no capítulo seguinte, pode ser o tipo de "eleição deliberativa" sobre questões principais, em que delegados selecionados na população em geral (por meio de amostragem científica) estudam e debatem questões-chave ao longo de um período, para então emitir suas recomendações ao restante da população antes de uma votação.

Tal método de "representação indicativa" da população como um todo, por meio de amostragem científica, é uma versão mais refinada da pólis ateniense, onde o Conselho dos Quinhentos era escolhido por loteria.

Duas casas parlamentares
O parlamento/legislatura teria duas casas.

A Câmara Baixa seria eleita por meio do sistema escalonado já descrito; a Câmara Alta seria nomeada em parte pelo Executivo e a câmara junto com o Quadrunvirato, ou presidência coletiva, a qual seria ela mesma nomeada pelo Executivo e aprovada pela Câmara Baixa. Em parte, a Câmara Alta também seria composta por cidadãos com direito a voto selecionados por meio de amostragem científica aleatória como representantes indicativos da população como um todo.

As principais responsabilidades da Câmara Baixa seriam as de eleger o chefe do Executivo, aprovar nomeações à Câmara Alta, gerar e promulgar legislação, e aprovar orçamentos. Os membros da Câmara Baixa seriam eleitos para mandatos de cinco anos. Não se imporiam limites aos mandatos. Nenhuma atividade econômica externa seria permitida. Nenhum outro cargo governamental poderia ser ocupado simultaneamente.

Membros da Câmara Baixa teriam como contrapeso a Câmara Alta, com membros nomeados por critério meritocrático, os quais estariam misturados aos representantes indicativos dos cidadãos. Ambas as câmaras teriam que votar, para aprovar legislação e orçamento. Um voto majoritário de pelo menos 50% em cada caso seria necessário. No entanto, se houvesse um apoio de 60% na Câmara Alta, somente seriam requeridos 40% na Câmara Baixa para aprovar legislação (e vice-versa). Isto evitaria o impasse político que se dá quando minorias partidárias conseguem bloquear a legislação e mesmo o debate.

Uma ampla maioria na Câmara Baixa seria necessária para invalidar um veto dado pelo Executivo.

Para remover um governo, uma "moção de censura construtiva" seria necessário – ou seja, uma nova coalizão capaz de substituir aquela que está sendo removida deveria estar a postos para assumir a governança.

Caberia à Câmara Baixa aprovar os indicados apresentados para o Quadrunvirato, ou presidência coletiva, pelo chefe do Executivo.

Na boa governança a deliberação é tão crucial quanto a representação. A fim de insular o processo deliberativo das pressões de curto prazo oriundas do meio político e da população, assim podendo realçar a perspectiva de longo prazo, a Câmara Alta seria não eleita.

No nosso exemplo, vinte membros desse órgão composto por cinquenta líderes distinguidos e experientes vindos das artes, da academia, da ciência, dos negócios e de cargos anteriores no governo seriam nomeados pelo Quadrunvirato. Vinte das indicações seriam distribuídas entre o Executivo e a liderança da Câmara Baixa. Dez dos membros seriam escolhidos por amostragem científica aleatória como representantes indicativos da população como um todo. A questão é "arejar" a visão que os especialistas tenham de dentro com as preocupações do cidadão comum. Os membros da Câmara Alta teriam mandatos de oito anos.

A seleção da Câmara Alta iria basear-se no mérito geral proporcionado pela experiência e pela especialização, não na base de representação eleitoral. Como seriam parcialmente selecionados por autoridades eleitas assim como o Quadrunvirato, haveria uma medida de prestação de contas ao eleitorado democrático como um todo – mas somente de maneira indireta a fim de limitar as considerações políticas. Como seriam aleatoriamente escolhidos, os membros cidadãos também seriam isolados da influência política. De fato, a Câmara Alta faria a ponte entre a especialização meritocrática e a prestação de contas democrática.

As principais responsabilidades da Câmara Alta seriam quanto a agir como depositária da confiança pública tendo em mente o longo prazo e a visão global, não os interesses particulares dos eleitores, bem como supervisionar os ramos não políticos e administrativos do governo. A Câmara Alta poderia propor legislação, prover a função de "segunda leitura" para a Câmara Baixa, e negociar acordos legislativos. Também teria o poder de revisar e recomendar a "suspensão" de leis (ou seja, as leis seriam configuradas para terem vigência durante um período limitado de anos e seriam revistas para decidir sobre sua continuação).

A Câmara Alta nomearia os diretores da Agência de Recursos Humanos e do Escritório de Integridade Governamental. Caberia a ela aprovar as nomeações do Executivo para o banco central e a Suprema Corte.

A remuneração seria comparável à dos cargos com nível igual de competência no setor privado. Todas as atividades econômicas externas, bem como a filiação política formal, teriam que ser abandonados pelos membros.

De maneira regular, uma vez cumprido seu mandato de oito anos, o desempenho dos membros seria classificado pela Agência de Recursos Humanos.

O Executivo

No nosso exemplo, o líder do governo, ou o Executivo, seria eleito por um voto majoritário da Câmara Baixa. Ele teria a tarefa, como num "sistema Westminster" ideal, de formular e apresentar o orçamento para ser votado por ambas as câmaras, cabendo-lhe também o veto. Ele nomearia os membros da presidência coletiva, ou Quadrunvirato, os quais teriam que ser aprovados pela Câmara Baixa. Além disso, nomearia, para aprovação pela Câmara Baixa, vinte membros da Câmara Alta.

Um veto poderia ser invalidado por uma votação amplamente majoritária a ser combinada entre ambas as câmaras. O líder do governo poderia ser removido por um voto amplamente majoritário que poderia ser tanto da Câmara Alta quanto da Baixa.

Ele nomearia um chefe de gabinete para cada ministro aprovado pela Câmara Alta.

O líder do governo e os ministros do gabinete seriam remunerados de forma correspondente à do setor privado. Nenhum outro interesse econômico seria permitido.

Uma alternativa para essa versão parlamentar de escolha do Executivo seria a eleição direta por todo o eleitorado a fim de produzir um Executivo mais forte, como num sistema presidencial. Para evitar que tal eleição se tornasse um mero "concurso de popularidade", a legislatura escolheria cinco candidatos entre seus membros para integrar um quadro de indicados a fim de submeterem-se à escolha popular. O líder eleito entre esses cinco teria então um duplo mandato por ter sido escolhido tanto por seus pares como pela população.

Nessa alternativa, os orçamentos propostos pelo Executivo diretamente eleito teriam que ser negociados com o Legislativo em vez de apresentados para um voto de aprovação ou veto tal como no sistema parlamentar de Westminster.

Poder moral acima dos conflitos

O Quadrunvirato, ou presidência coletiva de quatro membros, seria um conselho de distinguidos e experientes estadistas que representariam a unidade social, a perspectiva de longo prazo e a continuidade da cultura. Seus membros seriam nomeados pelo Executivo e aprovados pela Câmara Baixa.

A influência moral seria a sua principal ferramenta, e zelar pela sociedade como um todo seria sua principal função. Sua responsabilidade seria a de selecionar vinte dos membros da Câmara Alta e agendar referendos regulares sobre políticas-chave do governo.

Esse corpo funcionaria como um tipo de "conselho de anciãos", pondo-se acima do conflito operacional entre política e governança. O seu papel seria o de servir de simbolismo do todo e prover um sentido de unidade e harmonia, especialmente em sociedades étnica, religiosa e culturalmente diversas.

Os mandatos seriam de sete anos, de forma que não coincidiriam com o ciclo eleitoral, reduzindo, portanto, a influência política e sustentando independência do juízo.

Excelência, honestidade e transparência na administração
Um funcionalismo público altamente treinado, remunerado de maneira a competir com o setor privado, teria que ser sujeito a exames para mostrar-se qualificado para a posição. Nenhuma atividade econômica alheia a sua função seria tolerada. Os integrantes teriam que ser apartidários.

Uma **Agência de Recursos Humanos (ARH)** independente ficaria a cargo de recrutar, examinar, posicionar, rodiziar e monitorar o desempenho dos servidores públicos. Também emparelharia os conselheiros administrativos com os grupos escalonados de votantes da pirâmide eleitoral. A meta seria a de fomentar um ambiente burocrático competitivo e centrado sempre procurando dar resposta à população. Os altos cargos da ARH seriam nomeados pela Câmara Alta e aprovadas pela Câmara Baixa.

Ele poderia ser destituído por uma ampla maioria em qualquer uma das câmaras. Os funcionários da ARH teriam que ser apartidários e sem quaisquer atividades econômicas externas.

A fim de manter a excelência e a competitividade interna, a ARH classificaria os administradores (entrada, permanência e saída), faria o seu rodízio geográfico (a fim de evitar o companheirismo local) ao longo das funções do serviço público com base em desempenho e competitividade, e iria promovê-los e rebaixá-los de forma a garantir a ocupação de um posto pelo melhor. Os cidadãos também responderiam a enquetes periodicamente de modo a classificar os administradores com quem interagissem, e os resultados seriam publicados ou postados on-line.

Os administradores comprovadamente bons seriam elevados a posições de maior responsabilidade, aprendendo lições de políticas que tivessem funcionado em uma determinada área e transplantando-as para outros locais quando possível. Dessa forma, a excelência meritocrática seria enfatizada acima das conexões políticas locais e dos interesses privados. Um mandato máximo de dez anos em qualquer cargo seria aplicado de maneira a prevenir o vínculo excessivo com interesses locais e de compadrio.

Um **Escritório de Integridade Governamental (EIG)** independente, nomeado pelo chefe da ARH e aprovado pela Câmara Alta faria a supervisão do desempenho e da retidão dos legisladores, tanto eleitos quanto não eleitos, do Executivo e das instituições administrativas. A fim de encorajar uma "democracia vigilante" ativa e engajada entre todos os internautas, todas as atividades e transações governamentais não relativas à segurança seriam plenamente acessíveis via computação em nuvem e sob os auspícios do Escritório.

Os membros poderiam ser destituídos por ampla maioria de votos em ambas as câmaras. Membros do EIG e seus gabinetes deveriam ser apartidários e sem interesses econômicos ativos.

O EIG teria poder de intimação a fim de colher evidências e testemunhos e poderia encaminhar casos para a promotoria, se julgasse pertinente. O EIG faria parceria com os cidadãos internautas de comunidades relevantes, a fim de encorajar a "netocracia vigilante" e estabelecer procedimentos para uma resposta rápida.

Consulta à população

Referendos seriam agendados com regularidade pelo Quadrunvirato para permitir ao eleitorado como um todo ter voz quanto à aprovação ou não de políticas-chave para o governo. O voto seria obrigatório. Se 60% do eleitorado votasse rejeitando uma política, isso seria vinculante para o governo.

UM COMENTÁRIO SOBRE OS PARTIDOS

Os partidos políticos podem tanto energizar a governança ao lhe dar direção como esvaziar sua capacidade quando a competição leva a um partidarismo rigidamente ideológico, como acontece hoje nos Estados Unidos. Como em todos os outros âmbitos, também aqui, na concepção institucional da governança, muita coisa depende do quanto contribuam para equilibrar o corpo político em dadas condições culturais e históricas.

Conforme vimos no contexto das redes sociais, o desempenho deve, em última instância, satisfazer as exigências da narrativa que um partido apresente à população, sob pena de desgaste de sua autoridade e legitimidade em caso de não o fazer. Mas uma narrativa compartilhada, não apenas informação compartilhada, é necessária para prover a lealdade exigida para que políticas de longo prazo se cumpram.

O meio de construir essa narrativa se dá em diferentes contextos no Oriente e no Ocidente. Como Pan Wei[5] argumentou no capítulo 3, a herança milenar do "governo unitário" da China enxerga os partidos como expressões de "interesses parciais" que irão cindir a unidade do governo "para todas as famílias". Uma vez que descartou a "luta de classes" como o cerne de sua ideologia a fim de abraçar todos os interesses, o regime de partido único dos comunistas chineses tornou-se, em todos os sentidos, o regime "sem partido" – um retorno às raízes pragmáticas da "civilização institucional" do Império do Meio.

Em vez de competição externa entre muitos partidos, a qual pode dividir o corpo político entre "vencedores e perdedores", a competição interna que se dá nos confins opacos do Partido permite a contenda de diferentes tendências com o fim de chegar ao consenso, que é a base disciplinar para uma implementação de política que seja unificada, decisiva e efetiva. Nesse sentido, o Partido opera mais como uma corporação privada. Foi isso que aconteceu quando, temendo-se o retorno da política maoista, os impulsos populistas do chefe do Partido em Chongqing, Bo Xilai, foram refreados mediante a reafirmação da liderança coletiva antes da transferência do poder em 2012.

No Ocidente democrático, partidos concorrendo entre si podem de fato significar a batalha entre "interesses parciais" às custas do bem comum, conforme vemos na luta partidária de hoje em dia. Quando perguntaram a Jerry Brown, governador da Califórnia, sobre se a democracia se autocorrigia, ele nos confidenciou: "Somente se nos livrarmos do sistema partidário."

De fato, os Pais Fundadores da América viram um sistema sem partidos (não diferente dos confucionistas) como o melhor para a democracia com a qual sonhavam. Como nos diz Richard Brookhiser na biografia política que fez de James Madison:

> Madison e Jefferson certamente não tinham intenção de fundar um partido ou "facção", conforme costumavam chamar os partidos na época. Ainda que Madison considerasse as facções inevitáveis – "a causa latente da facção", conforme escreveu no documento *Federalista nº 10*, "reside na natureza humana" – ele também as considerava injustas. "Por facção, eu entendo um certo número de cidadãos... unidos e atu-

168

ando em função de algum impulso passional, ou de interesse, adversos aos direitos de outros cidadãos ou aos permanentes e agregados interesses da comunidade." As facções eram como os germes – oblíquas e nocivas.[6]

Mas, como não cansa de assinalar o historiador Arthur Schlesinger Jr.[7], os partidos políticos de massa do Ocidente foram também o mecanismo pelo qual se extraiu dos diversos interesses o consenso de uma narrativa unificada. O modelamento da vontade política em uma narrativa compartilhada por partidos de massa é o que efetivamente direciona o aparato neutro do governo.

Schlesinger defendeu a competição entre *dois partidos de massa fortes* no sistema americano justamente porque um ou outro poderia forjar um consenso de governabilidade entre uma maioria de eleitores. Ele acreditava que um sistema bipartidário fraco ou a proliferação de partidos pequenos comprometeria a capacidade de governar. Podemos ver o temor de Schlesinger tornar-se realidade hoje nos Estados Unidos, uma vez que o débil sistema partidário leva ao extremismo mais do que ao centrismo construtor de consensos; vemos em Israel a praga do excesso de partidos pequenos pela qual todo governo de coalizão, em sua fragilidade, depende do seu membro mais extremado para manter-se no poder.

O enigma que temos discutido ao longo deste livro também se aplica aqui: como chegar a um consenso de governabilidade e ao mesmo tempo acomodar as mais diversas vozes. (Uma proposta presente no estudo que se faz do caso europeu no capítulo 8 é a de permitir partidos com menos de 10% da votação no Parlamento Europeu, de forma a que não votem, mas contribuam para o debate.)

Os partidos de massa nesse caso, sejam um ou dois, são instituições de desenvolvimento de consenso. Quanto maior o consenso que um sistema político possa produzir, maior será a eficácia de sua governança. Mas, para que tal consenso não se torne complacência ou estagnação, é preciso que haja uma competição robusta de ideias e pontos de vista – quer dentro de um sistema de partido único, quer por meio da competição entre os partidos.

É inegável que a continuidade de um partido no governo em meio a um sistema multipartidário – como é o caso do Partido Liberal Democrático do Japão ou dos Social-Democratas da Suécia – foi responsável por erguer tais países ao topo da escala de prosperidade global. O Partido da Ação Popular de Cingapura realizou o seu milagre ao longo dos últimos cinquenta anos sob a ameaça de "concorrência potencial" dos outros. E é claro que as grandes realizações da China nos últimos trinta anos resultaram de um governo de partido único – porém com concorrência interna para os cargos superiores de poder baseada em realizações comprovadas.

A falta de competição em um sistema de partido único pode levar a estagnação e declínio, assim como uma competição demasiadamente divisora e a "vetocracia" partidária dos sistemas pluripartidários podem minar a capacidade de desenvolver o devido consenso para governar.

Consciente de que existe hoje na China um debate sobre as opções da democracia liberal com diversos partidos, de democracia socialista de partido único, e de democracia confucionista sem nenhum partido, He Baogang[8] sugere, de maneira inovadora, que a concorrência interpartidária pode se dar de maneiras variadas.

Há duas opções. Primeiramente, muitos partidos poderiam concorrer no nível local, onde o conhecimento é mais ou menos similar, mas, à medida que "a finalidade pública se expanda", deslocando-se da vila e do município rumo à província e à nação, menos concorrência partidária se faria necessária uma vez que a governança se concentraria no todo e não no particular.

Em segundo lugar, sob diferentes circunstâncias, o oposto também seria razoável. Na hora de encarar problemas locais, de ordem prática, que dependessem de inovação em vez de marcos ideológicos concernentes ao rumo da sociedade como um todo, partidos não se fariam necessários como instituições geradoras de consenso. É precisamente nos níveis mais altos, nos quais "a finalidade pública se vê expandida", que se requer mais competição.

ESCALONANDO A GOVERNANÇA

A discussão sobre como envolver, delegar e dividir a tomada de decisões sob governança inteligente é atrelada a essa mesma discussão sobre escalonamento. Estruturas de governança enraizadas em realidades do passado não se ajustam à era da informação e globalização, em que os cidadãos – caso decidam estar informados – têm acesso ao mesmo conhecimento acessível à sua classe governante e quando até a vida cotidiana de moradores de cidade pequena vincula-se a fluxos globais de capital, energia e alimento, a infraestruturas integradas, redes digitais, mobilidade migratória e padrões climáticos cambiantes.

Calibrar as jurisdições apropriadas para a governança – divisão na tomada de decisões – torna-se, portanto, um desafio-chave para a governança. Caberia aos cidadãos que decidem sobre questões de qualidade de vida local – que vão de zoneamento e urbanização a poluição, de tratamento de esgoto e paisagismo ao controle de animais – ter a mesma competência no que diz respeito à regulamentação de instituições financeiras globais, sistemicamente críticas, ou de questões de mudança climática, quando o papel individual que desempenham nisso é minúsculo? Ao mesmo tempo, deveriam os planos de escala nacional para trens de alta velocidade ou linhas de metrô passar por cima de cidadãos de Stuttgart ou Nanjing que talvez prefiram deixar suas árvores intactas?

Nos níveis local e regional, em que o sentido comum se impõe e a resolução de problemas tende a ser pragmática, os cidadãos poderiam e deveriam participar de maneira esclarecida. Em níveis mais distantes – no ponto de interação e interdependência entre muitos interesses e influências – maior competência baseada em mais conhecimento e experiência se faz necessária, uma vez que o sentido comum não é tão evidente; a boa política pública com frequência não se afina com o que o interesse próprio ou os grupos de pressão ditariam nos níveis local e individual.

Quando se pede que os cidadãos decidam sobre questões que vão além de sua competência, a ideologia tende a tomar o lugar do pragmatismo. Deste modo, a boa governança se perde.

Não há uma fórmula única quanto a como estruturar essa calibragem de poderes e tomadas de decisão ao longo de sociedades com contextos políticos e culturais os mais diversos. O que importa é a capacidade institucional que acomode a necessidade de equilibrar interesses, reconciliar conflitos entre os diferentes níveis, e integrar perspectivas locais e globais.

Sem dúvida, é preciso que haja consentimento dos governados e prestação de contas em todos os níveis, mas o critério das decisões deveria ficar a cargo daqueles que fossem competentes em seus respectivos âmbitos.

O foco deste exercício de imaginação política não é o de propor um modelo de governança de tamanho único. Seria o de mostrar de que modo podem se articular os diversos intercâmbios entre governo democrático com capacidade de prestar contas e governo meritocrático esclarecido.

Nos capítulos a seguir, sobre a Califórnia, o G-20 e a Europa, fazemos um relato das nossas diversas tentativas de implementar a governança inteligente nas condições políticas atuais.

6

Reiniciando a democracia disfuncional da Califórnia

Introdução

Faz muito tempo que a Califórnia é o barômetro dos Estados Unidos como um todo. De fato, como a nona economia mundial e o lar tanto de Hollywood como do Google, a influência deste reduto de criatividade e inovação é de tamanho continental e sua ressonância cultural é sentida mundo afora.

Infelizmente, de uns tempos para cá, o papel da Califórnia como barômetro tem assumido ares mais negativos. Se é verdade que a Califórnia sonhou um dia em construir uma sociedade que correspondesse à magnificência da paisagem do estado, é verdade também que, recentemente, as montanhas contempladas por seus cidadãos têm sido de dívidas, empregos que desaparecem, escolas com baixo índice de avaliação, gastos públicos em penitenciárias mais do que em instituições de ensino superior, e de uma infraestrutura ultrapassada e malconservada que países emergentes como a China colocaram em evidência.

Onde estarão a Califórnia e os Estados Unidos como um todo em duas décadas, se não encontrarmos um caminho para que sociedades democráticas saiam da paralisia que está nos levando de uma era de promessa a uma trajetória de fracasso?

Cada calouro de faculdade, empresário, proprietário de imóvel, imigrante ou aposentado da Califórnia têm compartilhado a sensação de que o estado, que um dia teve sua imagem ligada à ideia de futuro, está ficando para trás. Ao deparar com aterradores déficits após vários anos de impasse político, a Califórnia tornou-se para muitos o epítome da crise de governança democrática que se dissemina ao longo do Ocidente, de Atenas a Washington.

Mas, como era de se esperar da terra das segundas oportunidades, a Califórnia parece estar finalmente chegando a um ponto de inflexão e ensaiando uma volta por cima. Uma vez mais, encontra-se à frente da curva em comparação ao resto do país.

A despeito do exitoso referendo para destituir o governador em 2003 e dos esforços conjuntos das lideranças políticas nos anos desde então, os californianos chegaram à conclusão de que o verdadeiro desafio não é tanto o de substituir autoridades eleitas, mas o de consertar um sistema quebrado. O resultado dessa experiência foi a abertura de uma janela de oportunidade para uma séria reforma do processo de governança da Califórnia.

Desde 2007 os californianos votam a favor de primárias abertas, nova ordenação de distritos por uma comissão cidadã, e por um voto de maioria simples para aprovação de orçamentos – tudo com o objetivo de dar um fim à paralisia induzida pelo partidarismo na legislatura. E, por ampla margem, votaram a favor de um futuro de energia limpa, menos dependente do petróleo externo, quando impediram que a pioneira lei contra mudança climática da Califórnia fosse derrubada.

Em 2010, o Nicolas Berggruen Institute adicionou um novo conjunto de vozes a esse crescente movimento ao fundar o Think Long Committee for California (Comitê do

Pensamento de Longo Prazo para a Califórnia), um grupo dinâmico de cidadãos eminentes com ampla experiência em questões públicas, trabalhistas e empresariais, com um financiamento inicial de 20 milhões de dólares para liderar a campanha em prol da mudança estrutural. O próprio nome do comitê entrega o seu principal objetivo: o de introduzir uma agenda apartidária, despolitizada e de longo prazo como um corretivo do rancor partidário e a cultura política de curto prazo característica dos grupos de pressão que vieram a dominar a política da Califórnia.

O comitê abrange pessoas diversas como: dois ex--secretários de Estado, George Shultz e Condoleezza Rice; uma assessora econômica de Clinton, Laura Tyson; Eric Schmidt, da Google; Terry Semel, ex-presidente do Yahoo! e da Warner Bros; ex-presidentes da assembleia como Bob Hertzberg e Willie Brown; o ex-secretário do Tesouro Matt Fong; o ex-presidente da UC Regents Gerry Parsky; o ex--juiz da Suprema Corte Ron George; o filantropo Eli Broad; a líder trabalhista Maria Elena Durazo; e a militante contra a pobreza Antonia Hernández.

Em nosso primeiro encontro na sede da Google, em outubro de 2010, o então governador Arnold Schwarzenegger sentou-se à mesa com Gray Davis, o governador deposto por ele no referendo político de 2003. O comitê tem desde então trabalhado de maneira muito próxima com o governador Jerry Brown, que voltou para o palácio após dois mandatos como governador no fim dos anos 1970 e início dos anos 1980. O grupo é aconselhado por dois ex-secretários estaduais de finanças, um republicano e um democrata, bem como pelo ex-analista econômico do estado.

Após deliberar por um ano em sessões mensais, geralmente realizadas no Googleplex, em Mountain View, Califórnia, o grupo emitiu o seu *Blueprint to Renew California*[1] ("Programa para Renovação da Califórnia"), em novembro 2011.

Mesmo enquanto o desesperador impasse continuava a subjugar Sacramento, e o assim chamado "supercomitê" do Congresso dos Estados Unidos, reunido para encontrar uma solução para a crise fiscal, fracassava em alcançar um consenso, esse grupo de dedicados californianos conseguiram romper com essa situação insustentável. Pondo a política de lado, foram capazes de passar por cima de divergências ideológicas e concordar quanto a um plano bipartidário para reiniciar a disfuncional democracia da Califórnia.

Diferentemente de outros esforços pontuais de reforma dos últimos anos, o plano do Think Long Committee busca modernizar o sistema californiano de governança mediante a instalação de um novo software cívico que siga a abordagem básica de "governança inteligente" descrita neste livro: delegar, fomentar a participação e dividir a tomada de decisões. De um lado, propomos descentralizar o poder no nível local, enquanto, do outro, criar maior capacidade para a deliberação despolitizada no nível estatal, de forma a incorporar uma perspectiva de longo prazo à governança.

Nosso conjunto integrado de recomendações vai de práticas de senso comum, tais como fundo de reserva para tempos difíceis, até elaboração plurianual de orçamento; sessões legislativas de dois anos com um ano sendo dedicado à supervisão; reforma escolar; alinhamento das habilidades e resultados das instituições educacionais do plano mestre da Califórnia conforme as necessidades da indústria de ponta; e aceleramento do processo de aprovação de regulação de modo a fomentar a criação de empregos.

Mas o cerne de nossa proposta tem três partes:

Apoderamento local (delegar e envolver): As responsabilidades e recursos de tomada de decisão seriam transferidos, quando apropriado, de Sacramento para as localidades e regiões onde funciona a verdadeira economia e onde o governo é mais próximo da população – e, portanto, mais responsivo, flexível e prestador de contas. Ao ajudar a cobrir os custos de delegar a segurança pública do estado para os condados, nosso plano também ajudará a reduzir os altos custos associados às penitenciárias.

O plano Think Long dedicaria, anualmente, novas receitas aos condados para cuidarem da segurança pública, e subvenções federais a cidades para desenvolvimento de infraestrutura nas cidades e para demais usos localmente determinados. Os condados seriam habilitados a buscar "isenções" de normas e mandatos estaduais, de forma a buscar mais flexivelmente "planos estratégicos de ação" concebidos localmente, tendo como consequência o engajamento mais ativo dos cidadãos. Os padrões trabalhistas, ambientais e de saúde estariam isentos.

Um conselho deliberativo despolitizado (divisão na tomada de decisão): Um órgão de controle independente seria criado para zelar pelo interesse público de longo prazo, para contrabalançar a mentalidade de curto prazo e a cultura política dos grupos de interesse que dominam Sacramento.

Esse imparcial e apartidário Citezens' Councel for Goverment Accountability (Conselho de Cidadãos pela Prestação de Contas Governamental), composto de eminentes cidadãos com conhecimento e experiência em questões da Califórnia, teria responsabilidades tanto em termo de antevisão como de supervisão, deliberando sobre as questões do estado com uma visão abrangente e fazendo recomendações a fim de garantir que as prioridades de longo prazo sejam satisfeitas. Sendo um órgão de controle de qualidade não político, o Conselho dos Cidadãos garantirá que o "investimento" feito pelos que pagam impostos tenha "retorno" por meio de excelência educacional, infraestrutura de nível internacional, uma qualidade de vida sólida, e o fortalecimento de uma classe média vibrante pelo impulso dado à competitividade estadual na economia global de hoje em dia.

O crucial seria que o Conselho tivesse o poder de apresentar suas propostas diretamente para aprovação por voto popular. Posteriormente discutiremos esse Conselho em mais detalhes.

Um sistema fiscal moderno de base ampla (financiando o futuro): O sistema fiscal da Califórnia seria atualizado de modo a refletir a verdadeira composição de sua moderna economia de serviços e informação e a ser estável, de ampla base e sustentável no longo prazo.

Os ideologicamente rígidos terão dificuldades tentando enquadrar a proposta Think Long, uma vez que se trata de uma resposta pragmática ao aperto pelo que passa o estado. A essência desse arranjo bipartidário envolve expandir o imposto sobre vendas ao setor de serviços – não tributado atualmente, a despeito do fato de que engloba metade da economia de 2 trilhões de dólares da Califórnia – ao mesmo tempo em que se reduza o imposto de renda à pessoa física, mantendo a histórica estrutura de tributação progressiva do estado. Tal combinação geraria 10 bilhões de dólares em receitas públicas anuais, dedicados a pagar dívida do estado, financiar as escolas primárias e secundárias e o ensino superior, especialmente a Universidade da Califórnia, e financiar a descentralização.

Nos próximos anos, o Think Long Committee buscará implementar este conjunto integrado de reformas ao fazer emendas constitucionais e estatutárias a serem apresentadas para votação pública e ao trabalhar diretamente com o governador e a legislatura quando possível.

Últimas inovações em governança democrática

Como é o caso da própria convocação do Think Long Committee, as propostas do grupo com relação à governança visam a integrar uma maior capacidade de gerar consenso baseada em conhecimento dentro do sistema um homem, um voto, através da combinação de: a) realização de referendos deliberativos (educando dos eleitores); b) reforma do processo de iniciativa; e c) o estabelecimento do Conselho dos Cidadãos (oferecendo diretamente aos eleitores recomendações de políticas para sua aprovação, após aprofundada deliberação por um corpo seleto com experiência e conhecimento). Em resumo, tentamos avançar rumo a uma *democracia esclarecida* com elementos de uma *meritocracia que presta contas*.

Realização de referendos deliberativos

No verão de 2011, o Think Long Committee juntou-se a outro grupo de reforma, o California Forward, para apoiar uma pesquisa deliberativa com duração de um fim de semana, com 412 votantes escolhidos de maneira cientificamente aleatória, a fim de contemplarem e debaterem possíveis mudanças à forma de governar o estado.

Os resultados dessa pesquisa, que indicativamente representava o eleitorado como um todo, ajudaram na redação do rascunho da Government Performance and Accountability Act (GPAA) (Lei de Desempenho e Transparência Governamental),[2] uma emenda constitucional a ser submetida a votação popular. As disposições dessa iniciativa incluem um requerimento "pay-go" para legislação (com a legislatura tendo que mostrar a origem dos recursos ou dos cortes em caso de criação de novos gastos ou créditos fiscais), planejamento do orçamento com base em desempenho de acordo com ciclos supervisionados de dois anos, e permissão para mais flexibilidade de forma a que os condados possam tomar suas próprias decisões mediante renúncia a determinados decretos estatais.

A reforma do sistema de iniciativas

Os mecanismos de democracia direta na Califórnia – a iniciativa (criação de leis), o referendo (emendar ou anular leis) e destituição (de funcionários públicos) – foram um dia anunciados como os marcos do estilo progressista de governar.[3] Durante o governo de Hiram Johnson, em 1914, o estado adotou o sistema suíço de iniciativas populares como parte de uma série de reformas que dessem à população uma forma de se contrapor aos barões das ferrovias e aos latifundiários que controlavam o governo estadual.

Embora o processo de iniciativa tenha sido usado de forma parcimoniosa até os anos 1970, tornou-se o principal campo de batalha da política estadual desde então, quase um "quarto braço" do governo. Em função dos altos custos de juntar assinaturas legitimadoras e promover campanhas de mídia (normalmente em valores de dezenas de milhões de dólares), essa instância popular tem com frequência sido subvertida por grupos de interesse ou capturada por fanáticos que exploram os sentimentos populistas de curto prazo, a fim de fazer avançar a sua própria agenda.

Conforme escreveu na *Economist* Andreas Kluth, na edição de 23 de abril de 2011:

A cultura da iniciativa, tal como existe hoje na Califórnia, pode assemelhar-se ao pior pesadelo de James Madison. As paixões são alimentadas mais do que contidas. O confronto não dá vez aos acordos uma vez que facções minoritárias (grupos de interesse) se digladiam em torno de iniciativas rivais. Em 2009, Ronald George, na época presidente da Suprema Corte estadual, publicamente manifestou sua preocupação quanto ao efeito disto sobre a liberdade: "Terá a iniciativa do eleitor se tornado a ferramenta dos diversos tipos de grupos de interesse que teve por intenção controlar, e um impedimento ao efetivo funcionamento de um autêntico processo democrático?"[4]

A reforma do sistema de iniciativas populares proposta pelo Think Long Committee envolve o fornecimento de mais informação e análise aos eleitores, a respeito dos vários tipos de propostas, do que o permitido pelas cerca de cem palavras permitidas no resumo escrito pelo secretário de Justiça sobre o tema em discussão. Elas aprofundam a questão da transparência quanto a quem financia aqueles que se opõem e aqueles que apoiam uma determinada medida. As reformas propostas também reverteriam o sistema da Califórnia ao processo suíço original, pelo qual os proponentes de iniciativas têm a incumbência de negociá-las com a legislatura, de forma a que não necessariamente se tenha que levá-las a voto popular. Em não se chegando a um acordo, tanto a iniciativa do proponente quanto a da legislatura seriam postas lado a lado para votação. Ao apresentar alternativas, o processo se torna mais deliberativo e menos suscetível à manipulação pelos grupos de interesse; tornar-se-ia mais colaborativo e menos antagônico, restaurando o equilíbrio entre democracia representativa e direta.

O Conselho dos Cidadãos

A proposta mais inovadora e de maior alcance das reformas à governança do Think Long – o Conselho dos Cidadãos para Prestação de Contas pelo Governo – melhoraria a combinação única de democracia direta e representativa da Califórnia por meio do estabelecimento de um órgão deliberativo despolitizado que servisse de contrapeso a ambos.

Conforme brevemente observado na Figura 6.1, o Conselho seria um órgão deliberativo responsável por antever e supervisionar. Identificaria o desperdício e o mau desempenho no governo estadual, ao mesmo tempo em que promoveria as prioridades de longo prazo para a população: empregos, excelência educacional, um meio ambiente limpo, infraestrutura de nível internacional e a saúde fiscal das finanças estaduais.

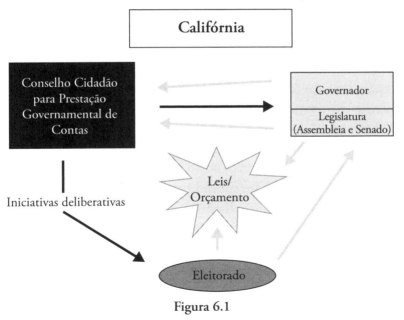

Figura 6.1

Desenho conceitual do Conselho dos Cidadãos
(cortesia de Alexander Gardels)

Ainda que o Conselho de 13 membros fosse indicado para mandatos de seis anos pelo governador (nove membros) e pelos líderes do legislativo (quatro membros), por meio de procedimentos que garantiriam sua independência, quaisquer políticas que propusesse teriam que ser aprovadas pelos eleitores. Possibilitado de avaliar propostas, bem como de apresentar iniciativas diretamente para votação em nome do interesse público, o Conselho evitaria a influência financeira dos grupos de interesse que têm dominado a política das propostas.

Trabalhando em conjunto com o auditor estadual da Califórnia, também teria poder de intimação com fins de auditar gastos, revisar programas e recomendar a "cláusula de suspensão" de determinadas leis, com o objetivo de garantir o devido retorno ao investimento feito pelos contribuintes com seus impostos.

A fim de garantir a sua integridade constitucional, a ideia do Conselho foi formulada com o prudente acompanhamento de Ron George, que foi presidente da Suprema Corte do estado por 15 anos e é membro do Think Long Committee.

Em artigo sobre a proposta do Conselho, a *Economist* previu que "os próximos anos na Califórnia poderão ser os do mais intenso debate sobre liberdade e governança desde que federalistas e antifederalistas debateram, entre 1787 e 1788, se deveriam ratificar a nova Constituição dos Estados Unidos ou não. Os amantes da democracia e da liberdade de todas as partes ainda estudam esse velho debate. Agora também prestarão atenção no da Califórnia, uma vez que trará lições a todos".[5]

É útil ensaiar os argumentos da nossa campanha em favor do Conselho dos Cidadãos, pois revelam os pontos de disputa que surgem ao se propor a introdução de elementos meritocráticos de governança em uma cultura democrática que descrê em delegação de autoridade.

Por causa de seus mandatos limitados, os legisladores em geral carecem tanto do tempo quanto da motivação seja para conceber uma agenda de longo prazo, seja para verificar o desempenho das políticas implantadas por eles, a suspensão de determinadas leis, ou sua continuação. Como seu mandato é curto, existe pouca prestação de contas que não seja para os grupos que os apoiam, os lobistas de quem recebem influência.

No passado, zelar pelo longo prazo era um papel desempenhado pelo Senado da Califórnia, como a "Câmara Alta", assim como o Senado dos Estados Unidos, baseando-se mais na representação geográfica que na populacional. Desde 1968, todavia, o Senado e a Assembleia da Califórnia duplicaram as funções de cada um, sobrepondo distritos com base em sua população. Isto se traduz em que os legisladores tenham um enfoque necessariamente estreito em função das preocupações particulares e de curto prazo dos eleitorados locais, mais do que um que leve em consideração os interesses do estado como um todo.

O objetivo do Conselho é criar um contrapeso institucional à cultura de curto prazo dos grupos de interesse que impera em Sacramento, assim com sua reduzida esfera de interesse eleitoral.

Como no resto dos Estados Unidos, a Califórnia precisará de uma agenda estratégica de longo prazo se quiser prosperar nas próximas décadas. A legislatura não está organizada ou equipada para desempenhar tal tarefa.

Perguntas a respeito da capacidade de prestar contas e da legitimidade do Conselho foram naturalmente levantadas. Como resposta, certas salvaguardas têm sido instituídas. Primeiramente, o Conselho seria nomeado pelas autoridades estaduais democraticamente eleitas. Em segundo lugar, o que propusesse entraria em vigor somente se aprovado pela população nas urnas. Em terceiro lugar, os membros do Conselho poderiam ser destituídos pelo Senado por corrupção ou malfeitoria.

Alguns especialistas disseram que seria dado ao Conselho "o poder de um rei". Outros o chamaram de "Câmara dos Lordes". Isto não faz sentido. Quando foi que um rei ou nobre com título herdado teve que se dirigir à população como um todo para ter suas políticas aprovadas ou rechaçadas por meio do voto?

O Conselho satisfaz tanto o critério de legitimidade quanto o de prestação de contas: seus membros são selecionados por representantes democraticamente eleitos, e suas propostas seriam aprovadas ou rejeitadas através da democracia direta do sistema de iniciativa.

A razão de o Conselho ser nomeado em vez de eleito seria isolá-lo das mesmas pressões a favor do curto prazo e dos grupos de interesse que resultam das campanhas eleitorais.

À medida que a legitimidade do Conselho provenha necessariamente da nomeação por autoridades eleitas, os membros do Conselho seriam nomeados de uma forma – com estritas limitações sobre contribuições políticas que pudessem fazer às autoridades nomeadoras e com mandatos que não coincidam com ciclos eleitorais – que garantiria sua independência e perspectiva de longo prazo ao mesmo tempo em que se evitariam o apadrinhamento, o compadrio e o partidarismo que têm imobilizado a governança estadual.

Outra preocupação manifestada tem sido a de que, uma vez que caberia ao governador fazer a maioria das nomeações do Conselho, o órgão faria a sua vontade.

Esta, no entanto, é uma proposta estrutural de governança destinada a manter-se vigente por décadas, e não apenas pelo período de um mandato de governador ou outro. Os sucessivos mandatos não parelhos de seis anos, através de diferentes ciclos políticos, resultariam em uma mistura de diferentes nomeações governamentais ao longo do tempo, como é o caso da Suprema Corte da Califórnia, dos Reitores da Universidade da Califórnia, da Comissão de Serviços Públicos, e da Comissão Costeira.

A lógica de conceder ao governador a maioria das nomeações é de que, ainda que a legislatura represente diferentes segmentos da sociedade, o governador representa a "vontade geral", uma vez que sua eleição tem peso estadual, tornando-o mais bem-posicionado para selecionar os membros do Conselho.

Todavia, uma forma de remediar essa preocupação é seguir o precedente do processo de nomeação para a Comissão para Desempenho Judicial da Constituição da Califórnia. Isso permitiria que cinco dos selecionados pelo governador pudessem ser nomeados para um mandato inicial de dois anos, o que os tornaria aptos a serem nomeados para um mandato pleno de seis anos após esse estágio. Os outros quatro membros seriam nomeados para os mandatos plenos de seis anos. Dessa forma, um cronograma escalonado seria feito, o que daria a governadores futuros, bem como ao atual, um papel-chave.

Com uma suspeita justificada ao desperdício governamental, há quem se preocupe com a possibilidade de o Conselho se tornar apenas outra camada burocrática entre o anseio da população e a obtenção de resultados do governo. O Conselho, no entanto, não seria uma agência de burocratas, porém um corpo de cidadãos – pagos com base em *per diem* e sujeitos a normas estritas quanto a conflito de interesses – encarregados de serem um guardião deliberativo do interesse público. Esse órgão seria uma entidade de controle de qualidade para assegurar que a população pagadora de impostos receba um "retorno de investimento" de longo prazo.

A despeito da realidade de que o Conselho verdadeiramente outorgaria poder aos cidadãos ao ser um defensor apartidário do interesse público de longo prazo, há quem tema que enfraqueça o direito da população a recorrer. No entanto, é equivocado argumentar que o processo de iniciativa tal como existe hoje provê um meio de recurso para o cidadão comum. Ainda que historicamente o processo de iniciativa tenha desempenhado um papel-chave em dar à população uma voz direta na governança, os custos cumulativos de coleta de assinaturas e de realização de campanhas na mídia têm levado à captura do processo pelos grupos de interesse e pelos objetivos ideológicos de curto prazo. São esses interesses organizados que têm usurpado o poder do cidadão. O Conselho devolveria esse poder aos cidadãos.

Todos os cidadãos seriam bem-vindos a apresentar suas iniciativas ao Conselho.

A menos que removamos o dinheiro da política de propostas eleitorais, esta vem a ser a proposta que mais leva em conta o futuro da Califórnia e que mais representa o interesse da população como um todo nas urnas e um guia confiável para um eleitorado ocupado demais com família e trabalho para enxergar as mãos dos grupos de interesse que têm se imposto sobre o sistema de iniciativas.

O Conselho pode, de fato, se tornar a melhor forma de a população salvaguardar o processo de iniciativa.

O próximo passo

À medida que a delegação e o "realinhamento" de responsabilidades e receitas transcorram nos anos por vir na Califórnia e o governo estadual assuma um papel mais enxuto e estratégico, faria sentido, então, realizar duas mudanças estruturais. Em primeiro lugar, o atual Senado estadual, que, conforme explicamos, tornou-se um órgão puramente representativo e não deliberativo tal como a Assembleia, seria substituído pelo Conselho de Cidadãos e Prestação de Contas governamental, o qual seria uma "Câmara Alta" genuinamente deliberativa. Em segundo lugar, os distritos representativos do Senado e da Assembleia seriam fundidos em uma "Câmara Baixa" com eleições em níveis, de forma a promover o engajamento do cidadão de base.

Quando se estabeleceu a estrutura de governança estadual, a Califórnia adotou a legislatura bicameral, conforme o modelo federal de um Senado e uma Câmara de Representantes.

No entanto, a finalidade do Senado e da Câmara no nível federal é a de contrabalançar a representação baseada em população com uma baseada nas cinquenta jurisdições estaduais, com dois senadores para cada, cujos mandatos são mais longos a fim de encorajar a deliberação.

Esse arranjo, porém, não faz muito sentido no nível estadual, onde tanto o Senado quanto a Assembleia duplicam a representação por população, ainda que com distritos de diferentes tamanhos concebidos de maneira arbitrária.

Possivelmente, o atual Senado (quarenta membros) e a Assembleia (oitenta membros) combinar-se-iam em uma câmara legislativa não partidária com 120 representantes na qual as comissões representam um papel-chave. Isso permitiria que o tamanho dos distritos fosse menor (por volta de 300 mil em vez de um milhão de cidadãos), tornando assim os legisladores mais responsivos e sujeitos a prestar contas ao ficarem mais perto de suas populações. Os distritos abarcariam uma população de 300 mil e mais assentos seriam acrescentados à medida que a população fosse crescendo.

Além disso, seguindo o sistema de níveis do nosso modelo geral, cada distrito de 300 mil poderia ser dividido em seis conselhos de bairro, cada um representando populações de 50 mil. Cada uma das seis vizinhanças elegeria um delegado para o conselho distrital. Esse conselho, por sua vez, elegeria o representante do distrito na legislatura estadual.

Esse novo software cívico seria mais eficiente, menos redundante e menos contencioso, assim como reduziria em larga escala os custos altíssimos de ter duas casas. Iria amortecer a influência do dinheiro na política (necessário para o levantamento de fundos para campanhas na mídia em grandes jurisdições) ao limitar o tamanho populacional dos distritos e refrear o poder dos lobistas que colocam uma câmara contra a outra. Acima de tudo, diminuiria a distância entre representantes e representados e envolveria os cidadãos locais de maneira mais significativa na configuração das leis que regem suas vidas.

Substituir o Senado por uma Câmara Alta genuína, com responsabilidades deliberativas, é algo que contrabalançaria ainda mais a natureza local e de curto prazo da representação proporcional da Câmara Baixa, conforme fora a intenção histórica.

A mudança nesses termos colocaria a Califórnia em direção a um sistema moderno de governança com capacidade para ação decisiva, refletindo a complexidade e a diversidade de sua população e economia, e a tornaria mais apta para enfrentar os desafios e oportunidades do século XXI do que com o sistema herdado dos tempos dos ranchos e dos barões das ferrovias.

Acima de tudo, os pesos, contrapesos e incentivos desse novo software cívico imbuiriam a governança com uma cultura de interesse público que trocaria o rancor da polarização pelo espírito não partidário do pragmatismo e a perspectiva de longo prazo associada aos grandes construtores do estado nos anos 1950 e 1960 – o governador republicano Earl Warren e o democrata Pat Brown – que estabeleceram os pilares, no pós-Segunda Guerra, para a prosperidade e a qualidade de vida desfrutadas pela Califórnia ao longo de décadas.

Se os californianos adotassem tal abordagem, poderiam ter um governo fisicamente sólido que consegue moderar os altos e baixos dos ciclos financeiros e fomentar os empregos bem-remunerados característicos das indústrias de ponta da Califórnia, que vão da biotecnologia à tecnologia da informação, passando pela energia limpa. A mobilidade ascendente poderia ser garantida por meio de escolas excelentes, com educação superior acessível, ao alcance de todos os californianos, que pudessem prover os profissionais inovadores e altamente especializados que são fundamentais para desenvolver setores novos e competitivos. Cidades ecologicamente corretas, onde água e energia fossem usadas de forma racional seriam um modelo para o mundo.

A despeito de suas dificuldades atuais, a fama da Califórinia por sua criatividade dinâmica é merecida. Se isso se voltar ao desenvolvimento da boa governança, os californianos poderão voltar ao futuro e com o governo que desejam e merecem.

Lições da experiência californiana

Se as reformas propostas pelo Think Long Committee forem implementados, a Califórnia estará bem posicionada em outros sentidos para enfrentar a era que se aproxima. Seus pilares são fortes: uma população diversificada de imigrantes trabalhadores e vindos de todas as partes, uma energia empreendedora ligada a um capital de risco sem igual no mundo, universidades de nível internacional, agricultura abundante, clima temperado e magnífica paisagem natural. As mais vibrantes novas indústrias do planeta – representadas por empresas como Intel, Google e Facebook, bem como por um leque de empresas dedicadas à energia limpa – surgiram nos últimos anos desse ambiente californiano fértil.

Todavia, a despeito daquilo que parece ser crescente abertura à reforma de parte da população, os obstáculos à mudança encontrados permanecem desencorajadores.

A primeira lição é a de que boas políticas podem significar má política – e que más políticas às vezes resultam em boa política. Isso está na raiz da incapacidade de o sistema de "um homem, um voto" se autocorrigir se faltar o contrapeso de um órgão deliberativo que leve em conta as consequências de longo prazo das rápidas soluções dadas pela democracia populista.

Em um contexto de cortes profundos em programas educacionais e sociais, a tentação da política tradicional é a de procurar uma solução popular em vez de uma solução de longo prazo para o estado. Foi precisamente o que aconteceu em 2012 quando o governador Brown, a associação de professores da Califórnia e outros grupos, encorajados pelo movimento dos 99%, buscavam preencher a lacuna de financiamento do estado cobrando impostos do alvo mais fácil – os ricos. Eles assim o fizeram porque, politicamente, é muito mais viável tributar os "outros" do que a ampla classe média que compõe a maior parte da população votante, conforme recomendado por nosso Think Long Committee, embora um moderno e amplo imposto sobre rendas, que fizesse todos pagarem ligeiramente mais, também estabilizaria as receitas nos anos por vir.

Por mais que haja muito ainda a ser dito, além do que já dizemos neste livro sobre a necessidade de deter a crescente desigualdade, a Califórnia já se sustenta sobre uma base tributável limitadamente volátil, em que 5% dos contribuintes respondem através do imposto sobre renda e ganhos de capital, a 67% dos ingressos. Conforme explicamos, os altos e baixos do ciclo orçamentário que resulta desta dependência tão focalizada significam que os programas financiados em um ano bom (por exemplo, quando Google e Facebook abrem o capital e os ganhos disparam) devem ser drasticamente cortados quando há uma crise econômica e as receitas vindas de cima despencam. A situação piora pela ausência de um fundo de poupança para "emergências" – ao qual os mesmos grupos se opõem precisamente porque conteria os gastos nos anos bons.

O resultado final é um sistema disfuncional que gera déficits perpétuos, aumenta o custo do crédito e priva o estado de uma fonte crescente de receita futura necessária para investir precisamente naqueles bens públicos – educação de qualidade e infraestrutura – que são a resposta estrutural à crescente desigualdade.

Outras lições do nosso esforço em trazer "governança inteligente" para a Califórnia poderiam ser facilmente extraídas dos textos de cientistas políticos como Francis Fukuyama ou teóricos da economia como Mancur Olson, os quais mencionamos diversas vezes neste livro.

Em sua curta história, a Califórnia tem, no sentido mais amplo, seguido a mesma trajetória de ascensão e queda política de sistemas de governança, conforme visto nos altos e baixos da milenar experiência chinesa ou do Império Otomano, que Francis Fukuyama documenta em seu magistral *As origens da ordem política*. Em cada caso, instituições de boa governança um dia robustas sofreram corrosão irremediável porque fracassaram no ajuste a novas condições ou sucumbiram ao ressurgimento implacável do que Fukuyama chama de "patrimonialização" – ou seja, o domínio dos grupos de pressão sobre os interesses gerais da população.

Conforme diz Fukuyama:

> As instituições são criadas primeiramente para satisfazer os desafios competitivos de um ambiente em particular (...) Quando as condições originais que levam à criação ou adoção de uma instituição mudam, a instituição se mostra incapaz de fazer um ajuste rápido às novas circunstâncias. O desajuste sobre o ritmo das mudanças entre instituições e o ambiente externo é responsável pela decadência política e a desinstitucionalização.[6]

Isso certamente foi verdade quanto à Califórnia. O Estado Dourado ascendeu à proeminência política durante os anos pós-Segunda Guerra Mundial, quando se tornou o pujante posto avançado do vasto complexo militar-industrial do império americano e quando a energia barata impulsionou o crescimento acelerado do estado. Naquela época, uma crescente classe média que ainda poupava mais do que consumia estava disposta e apta a financiar investimentos em infraestrutura com vistas ao futuro, indo de um sistema educacional de qualidade, onde a Universidade da Califórnia se expandiria, à famosa rede de autoestradas do estado, sem falar no sistema de canais que trazia água nevosa da Sierra Nevada e do norte úmido para o árido sul.

Com o advento de uma cultura consumista de massa, nos anos 1960, e a ênfase dada ao lar familiar em vez do bem-estar público como cerne do sonho californiano, a bolha imobiliária que veio a estourar na crise das hipotecas *sub-prime*, em 2008-2009, começou a ser gestada. Com o fim da dita bolha sobreveio o fim, para o futuro imediato, do boom do setor da construção e seu potencial ocupacional, que tinha durado décadas.

A Proposta 13, de 1979, marcou a revolta do proprietário de imóvel/contribuinte, que significativamente privou o estado de sua fonte de financiamento mais estável para serviços locais e educação ao limitar severamente o imposto sobre a propriedade. Mesmo quando a população dobrava e a imigração de mexicanos se expandia, o estado nunca conseguia preencher a lacuna, endividando-se profundamente apenas com despesas de custeio totalmente incapaz de investir no futuro.

O complexo militar-industrial retraiu-se com o fim da Guerra Fria. As fontes de crédito fácil secaram com a eclosão da crise financeira e o mercado imobiliário desmoronou. Com o rápido crescimento de China e Índia, a demanda global por energia coincide com a instabilidade no Oriente Médio de forma a acabar com a era do combustível barato.

Todavia, a despeito do crescente entendimento da necessidade de fazer reformas, os californianos mantiveram sua postura de negação, como se estivessem historicamente fadados a um futuro tão promissor quanto o passado.

Nesse ínterim, o ressurgimento dos grupos de interesse que capturam o estado, conforme argumenta Fukuyama, vai comprometendo esse futuro. Nisso, conforme assinalamos, o seu argumento é semelhante ao de Mancur Olson, em seu livro clássico de 1982, *The Rise and Decline of Nations: Economic Growth, Stagflation, and Social Rigidities.*[7]

Usando a teoria da escolha racional, Olson argumentou que os grupos de interesse organizados, quer sejam sindicatos ou associações empresariais, fazem valer seus interesses mais eficazmente em uma democracia do que os cidadãos individuais, uma vez que o retorno ao seu ativismo, como entidade coletiva, tende a ser mais alto do que o retorno à diáspora de cidadãos desorganizados – a população em geral. Deste modo, os sindicatos de servidores públicos podem negociar aposentadorias generosas ou lobistas empresariais podem conquistar cortes de alíquotas fiscais ou a própria isenção. Tais grupos de interesse tornam-se então os principais atores do orçamento público, colando-se ao casco do governo estadual como cracas no casco de um navio.

Qualquer esforço de reforma na Califórnia, conforme foi o caso do Think Long Committee, colide diretamente com esses acionistas que fizeram o governo do estado refém. A limitação dos mandatos dos legisladores, converte os lobistas numa presença mais permanente em Sacramento do que a dos representantes do povo, sendo que, por eles serem os patrocinadores das campanhas eleitorais, as autoridades eleitas ficam em grande medida comprometidas com eles.

Esta situação é agravada pelo processo de iniciativa na Califórnia. As iniciativas, que um dia foram um recurso disponível à população, conforme mencionou o ex-juiz da Suprema Corte Estadual Ron George, têm sido com frequência uma arena para os grupos de interesse digladiarem-se.

Ao decidir quais questões levar à votação pública, a principal preocupação do Think Long Committee foi quanto a quem se oporia e quanto se disporia a investir para derrotar uma reforma que se opusesse a seus interesses. Se você quer aumentar as receitas, o lobby anti-impostos iria se opor com 40 milhões de dólares. Os grandes conglomerados do entretenimento baseados na Califórnia provavelmente gastarão tudo que considerarem necessário para impedir que uma taxa de serviços de 5% seja deduzida dos ingressos de cinema e parques temáticos, revelando sua prioridade como diversão em vez de educação.

Caso se queira reformar escolas primária e secundária, a associação de professores da Califórnia gastará 50 milhões de dólares para evitar que os professores sejam avaliados ou demitidos. Quem quiser combater as brechas fiscais de que se valem os proprietários de imóveis comerciais enfrentará a oposição das grandes imobiliárias, que investirão 100 milhões de dólares para que não se chegue a lugar nenhum. No caso de se querer cobrar um imposto sobre o combustível, as grandes petroleiras despenderão tudo o que puderem para que isso não aconteça.

Mas não são apenas os grupos de interesse que abusam do processo de iniciativa. A população também, pois, através dessa ferramenta de democracia direta, muito contribuiu para a decadência política da Califórnia. Isto se dá principalmente pela forma como a população incentiva, irresponsavelmente, o aumento de despesas sem aceitar, todavia, o aumento de impostos que isso possa acarretar. Investimentos trancados do lado de dentro e receitas trancadas do lado de fora vêm a ser o cerne da crise financeira do estado.

O exemplo mais ofensivo disso foi a iniciativa "Three Strikes" (três golpes), que requeria pena de prisão perpétua após uma terceira condenação por crime violento, e duplicação obrigatória da sentença após o segundo "golpe". Ao mesmo tempo em que esta compreensivelmente atraente tentativa de aumentar a segurança pública foi esmagadoramente aprovada nas urnas, nenhum plano de investimento que incluísse a construção correspondente de presídios veio junto. Como resultado, uma década após a aprovação dessa lei por iniciativa, a Suprema Corte dos Estados Unidos, em maio de 2011, ordenou a soltura de 36 mil prisioneiros dos presídios da Califórnia, uma vez que a superlotação violava seus direitos humanos.[8]

Conforme observado, a Proposta 13 é um caso semelhante. Ao limitar a cobrança de imposto sobre a propriedade a 2% do valor avaliado das residências, os proprietários de imóveis da Califórnia puderam livrar-se de uma cobrança crescentemente onerosa. No entanto, isto privou o governo dos recursos necessários para educação e segurança pública, custo que ainda não foi coberto.

A finalidade da democracia representativa seria a de criar órgãos de deliberação que levariam em conta os desdobramentos de longo prazo de suas decisões. A natureza inerentemente míope da democracia direta, que deu um nó nas finanças da Califórnia, é exatamente aquilo que os Pais Fundadores, como James Madison e Alexander Hamilton, em sua sabedoria, buscavam evitar.

A experiência californiana sugere não apenas que a boa governança deve ser um guardião contra os sintomas de decadência política que resulta da rigidez em face das mudanças e da repatrimonialização. Também alerta contra um entendimento comum de que democracia mais direta é algo que deve ser inerente à sociedade do conhecimento. A boa governança requer pesos e contrapesos não apenas para o governo, mas também para a população.

7

O G-20

Governança global, de reuniões de cúpula a redes subnacionais

Introdução

"O nosso mundo interdependente significa que nossos problemas não são mais apenas problemas em comum", declarou o ex-primeiro-ministro britânico Gordon Brown, "mas que são globais, que interpenetram países e são somente abordáveis mediante uma ação concertada".[1]

Para o bem ou para o mal, o G-20 emergiu como a instituição embrionária chave da governança global reivindicada por Gordon Brown, uma vez que reflete a mudança de poder radical que está em andamento devido ao protagonismo das potências emergentes. Incluindo, entre seus vinte membros, países europeus, Japão e Estados Unidos, além de China, Brasil, México, Índia, África do Sul e Turquia, vem a ser, de fato, o mecanismo de ajuste nessa transição da Globalização 1.0 à 2.0.*

Ao mesmo tempo em que as economias avançadas perdem capacidade de fornecer bens públicos globais – tais

---

* A não ser onde observado, todas as citações e os pontos de discussão são tomados das anotações de uma reunião do Conselho para o Século XXI realizada em Nova York, em 26 e 27 de março de 2011.

como comércio aberto, fluxos financeiros estáveis ou atenuação da mudança climática – por conta própria, ainda não é possível que as economias emergentes o façam.

Diferentemente do velho G-7 – no qual as economias eram todas democráticas e de livre mercado –, o G-20 reúne uma ampla gama de civilizações e sistemas políticos e econômicos que vai das democracias liberais do Ocidente ao sistema neoconfuciano-leninista de mercado próprio da China, passando pelo Estado secular turco, que é regido por um partido islâmico. Entender como cooperativamente governar essa nova interdependência de identidades plurais – em que a convergência econômica e a divergência cultural da Globalização 2.0 acontecem simultaneamente – será um desafio sem precedentes. Nunca antes houve uma civilização global verdadeiramente multipolar sem que houvesse um poder ou bloco de poderes hegemônicos que se obrigasse, em nome de seu próprio interesse, a prover os bens públicos cujo valor se reverta para os demais.

O desafio se complica com os movimentos de baixo para cima que protagonizam alguns dos despertares políticos em todo o globo, com populações descontentes clamando das bases por uma voz nas leis que governam suas vidas.

Se a legitimidade existe em função da proximidade local, como tem dito com frequência Pascal Lamy, a pergunta é como enfrentar o desafio de fazer do distante G-20 o mecanismo confiável para um ajuste pacífico de mudança de poder mundial quando manifestações de descontentamento popular como Occupy Wall Street, a juventude egípcia na praça Tahrir, os indignados de Madri, os blogueiros de Moscou ou aldeões encoleirizados de Wukan ou Haimen no sul da província chinesa Guangdong se tornaram mais frequentes?

Conforme já falamos em outros contextos, seria possível realçar a eficácia da governança global no nível do G-20 e ao mesmo tempo reforçar as jurisdições locais por meio de uma combinação de delegação, envolvimento e divisão do poder de decisão? No planeta mega urbano do século XXI, serão as redes ou ligas subnacionais de cidades-Estado, como na Idade Média, o lugar de um *modus vivendi* que concilie os âmbitos local e global?

Foi para ajudar a responder a essas perguntas tanto no sentido teórico quanto no prático que criamos, em 2011, o Conselho para o Século XXI: uma espécie de "sombra do G-20". O grupo inclui ex-líderes mundiais tanto de economias avançadas como emergentes, pensadores globais do mais alto nível e "subversores-chave" do mundo das redes sociais.

Muitos dos ex-líderes políticos integrantes do Conselho foram responsáveis por transformações históricas. O mexicano Ernesto Zedillo e o espanhol Felipe González conduziram a reforma democrática em seus países; o alemão Gerhard Schröder e o brasileiro Fernando Henrique Cardoso deram um jeito em suas economias e puseram seus países entre os mais competitivos do mundo; o chinês Zheng Bijian, o ex-vice-presidente permanente da poderosa Escola Central do Partido e autor da doutrina do "desenvolvimento pacífico" da China, redigiu o famoso relatório para a "viagem do sul" que Deng Xiaoping empreendeu para revigorar as suas políticas de "reforma e abertura" em 1992; e o britânico Gordon Brown, que de maneira bem-sucedida gerenciou a resposta global à crise financeira durante a reunião do G-20 realizada em Londres em 2009. Depois de deixar a presidência francesa, Nicolas Sarkozy também se juntou ao grupo. Outros líderes do grupo são o ex-ministro do Exterior de Cingapura George Yeo, o ex-primeiro-ministro do Paquistão Shaukaut Aziz, o estadista mais honesto da África, o ex-presidente de Botswana Festus Mogae. O ex-

-secretário do Tesouro dos Estados Unidos Larry Summers e o ex-primeiro-ministro do Canadá Paul Martin, que juntos fundaram o G-20, em 1999, também são membros.

Os pensadores globais vão de Pascal Lamy (que também chefia a Organização Mundial do Comércio) aos economistas Raghuram Rajan e Nouriel Roubini, bem como o investidor Mohamed El-Erian e o ex-diretor do FMI Rodrigo de Rato, e os investidores de risco chineses Fred Hu e Eric X. Li. No grupo, os ganhadores do prêmio Nobel são: Amartya Sen, Michael Spence, Joseph Stiglitz e Ahmed Zewail. Também estão envolvidos Fareed Zakaria, Francis Fukuyama, John Gray, Alain Minc, Kishore Mahbubani e o futurólogo Peter Schwartz.

O grupo de "subversores" inclui: Eric Schmidt, do Google; Chad Hurley, do YouTube; Jack Dorsey, do Twitter; a pioneira dos blogs Arianna Huffington; e os fundadores do e-Bay, Jeff Skoll e Pierre Omidyar.

Todo ano o grupo assessora informalmente o presidente do G-20 antes da cúpula anual. Reúne-se duas vezes ao ano – uma vez na véspera da cúpula, para emitir seu comunicado e recomendações, e outra em um encontro à parte.

Em 2011 nos reunimos em Paris para assessorar o presidente francês, Nicolas Sarkozy, no auge da crise do euro, e depois, em maio de 2012, no México, quando o G-20 teve como anfitrião o presidente Felipe Calderón. O grupo também marcou de se encontrar com a nova liderança da China após a passagem de poder, a se dar no outono de 2012. Índia e Rússia são os próximos.

A esperança do Conselho para o Século XXI é de que possa contribuir, tanto conceitualmente quanto na prática, para o estabelecimento de um novo equilíbrio na era da Globalização 2.0, por meio de sua própria rede de relacionamentos pessoais, como pela sua influência direta sobre os líderes do G-20. Um dos mais importantes papéis que pode desempenhar ao estar "presente na criação" da próxima ordem mundial é ajudar a definir o relacionamento entre a China ascendente e um Ocidente em declínio após séculos de liderança.

Convergência de interesses

Há anos que o Ocidente vem conclamando a China emergente a se tornar um "investidor responsável" no sistema global. A resposta da China tem sido a de se abster de tomar iniciativa nesse sentido, não apenas porque o sistema global que estaria investindo foi historicamente estabelecido conforme padrões ocidentais, mas também por causa do seu foco absoluto no desenvolvimento de sua economia interna.

Todavia, o simbolismo das Olimpíadas de 2008, como festa de entrada para o mundo, além de sua resiliência frente à crise financeira de Wall Street – o coração do sistema global – e a ascensão do país a segunda economia mundial têm levado seus líderes a aceitar o desafio com suas próprias condições.

Tais condições foram expressas por Zheng Bijian, o diretor da Escola Central do Partido, confidente dos líderes da China, autor, anos atrás, da doutrina do "desenvolvimento pacífico"[2] e um membro-chave do Conselho para o Século XXI.

O novo conceito consiste em deslocar-se do "desenvolvimento pacífico" para a "expansão e aprofundamento da convergência de interesses" e o fomento global às "comunidades de interesse", particularmente com relação aos Estados Unidos e com um "espírito pragmático". Zheng afirma que "o acúmulo de interesses convergentes provê uma fundação sólida para interesses comuns".

A estratégia chinesa para as primeiras duas décadas do século XXI tem sido a de "construir uma sociedade moderadamente próspera", conforme observado por Zheng. "Agora, metade deste período histórico relativamente independente se foi" e, a fim de melhorar a vida do chinês em termos "qualitativos" e não apenas "quantitativos", a próxima década terá que se dar "no contexto da interdependência".

Ao abordar a necessidade tanto de reduzir os desequilíbrios globais como de melhorar "qualitativamente" a vida das pessoas, Zheng argumenta que "devemos transformar nossa economia de uma economia alimentada principalmente pela demanda externa em uma alimentada tanto pela interna quanto pela externa, mas principalmente pela interna. A China, um país de renda média baixa, irá se tornar um país de renda média alta mais rapidamente".[3]

Para que isso seja alcançado, será necessário que haja "diálogo, consulta e coordenação" com o restante do mundo. Tem sido com esse fim que Zheng tem mantido estreito contato com estrategistas americanos como Zbigniew Brzezinski e Henry Kissinger, de forma a definir "dez pontos de convergência" entre a China e o Ocidente e saber de que forma trabalhá-los. Coube a ele também o discurso de abertura na reunião do Conselho para o Século XXI de outubro de 2011 em Paris, resumindo a sua ideia para os líderes globais ali reunidos.

A fim de "concretizar" a ideia de uma "comunidade de interesses", Zheng propõe, por exemplo, que Estados Unidos e China se reúnam para juntos promoverem um desenvolvimento que se baseie em energia limpa e baixas emissões de carbono. Também sugere que a China financie o desenvolvimento de infraestrutura nos Estados Unidos, ajudando a criar empregos e as bases para o crescimento interno americano, mesmo enquanto a China se volta para um modelo de maior consumo interno.

A verdade é que essas ideias não são exclusivas de Zheng. Elas constam do 12º Plano Quinquenal para Desenvolvimento Econômico e Social do Comitê Central do Partido Comunista, o mapa do futuro da China.[4] Em uma conversa com Michael Spence em um encontro do Fórum Chinês para o Desenvolvimento, Wen Jiabao referiu-se ao G-20 como sendo o fórum-chave para desenvolver a visão chinesa de uma "convergência de interesses" a fim de se chegar a uma "comunidade de interesses".

O G-20: vestes sem um imperador

Ainda que o fórum mais lógico para promover "uma comunidade de interesses" em escala global seja o G-20, conforme sugerido por Wen Jiabao, este tem sido até agora uma instituição débil que precisa de impulso. No momento em que a segunda maior economia do mundo se prepara para uma efetiva adaptação à interdependência, o G-20, no dizer de Nouriel Roubini,[5] corre o risco de tornar-se o "G-Zero": um fórum de conflito em vez de cooperação. Na reunião do Conselho em Paris, o ex-vice-presidente dos Estados Unidos Al Gore expressou seu desdém pelo G-20, em função de considerá-lo um órgão ineficiente, chegando a chamá-lo de "vestes sem imperador", numa referência espirituosa às fotos tiradas dos líderes, em seus ternos, ao final de cada reunião.

"Estamos, agora, vivendo em um mundo G-Zero: em que nenhum país ou bloco de países, por si só, possui a alavancagem política e econômica – ou mesmo a vontade – para impulsionar uma agenda verdadeiramente internacional", declarou Roubini. "O resultado será a intensificação dos conflitos no cenário internacional quanto a questões vitais, como: coordenação macroeconômica, reforma da regulamentação financeira, política comercial, e mudança climática".[6] Pode-se razoavelmente acrescentar que também aumentará o conflito em torno de energia e matérias-primas.

A despeito da atual falta de consenso, Roubini reconhece que as crises têm o poder de levar a novos consensos para a ação quando questões de interesse comum tornam-se prementes. Gerhard Schröder observou tal mudança na União Europeia nos últimos anos: a Alemanha aproximou-se muito mais da posição francesa de haver coordenação mais estrita das políticas econômicas na Europa como resultado da persistente crise da dívida soberana. As mesmas forças estarão em jogo com relação ao G-20.

Pascal Lamy, diretor-geral da Organização Mundial do Comércio – a mais eficaz de todas as instituições de governança global existentes –, interpreta de outra maneira o que Roubini diz sobre o risco de que haja um G-Zero. O problema com as instituições atuais de governança global, segundo ele, é o de terem somente "legitimidade secundária" nesse seu papel de "assembleias de Estados-nação". Para tornarem-se efetivas precisarão de "legitimidade primária". Isso somente será possível mediante a construção da "comunidade de interesses" (nas palavras de Zheng), ao trazer a governança global para "mais perto dos cidadãos", e particularmente ao empregar tecnologia de redes sociais de forma que os "cidadãos se sintam imbuídos de um senso de comunidade".[7]

A questão sobre se a civilização do satélite, por assim dizer, virá a suplantar a civilização do solo como meio de criar identidades comuns é uma das grandes interrogações quanto ao futuro. A aliança passional evidente nas tribos virtuais leva a crer que pode ser uma realidade. Eric Schmidt e Jared Cohen, do Google, argumentam que um tal mundo paralelo de identidades não associadas a solo vem surgindo no ciberespaço paralelamente ao mundo multipolar do espaço físico, acrescentando mais uma dimensão à interdependência.

O grande desafio, portanto, é como avançar em direção a uma "convergência de interesses" quando o comitê executivo da governança global – G-20 – é pressionado por tendências centrífugas em vez de atraído para a unidade. O sucesso de qualquer órgão supranacional em alcançar legitimidade primária dependerá da calibragem apropriada das características e dos interesses locais com os imperativos globais. O século XXI, conforme discutimos neste livro, tende a ser cada vez mais local e global ao mesmo tempo.

Historicamente, há muito em jogo.

O futurólogo Peter Schwartz pergunta, pertinentemente, se o momento atual está mais para 1910 que para 1950. Terminada a Segunda Guerra Mundial, e com a ascensão dos Estados Unidos, as regras e instituições globais que proviam "bens públicos globais", nos moldes do sistema americano, estavam sendo estabelecidas. Em 1910, uma série de alianças cambiantes, baseadas em interesses, terminaria levando à Primeira Guerra Mundial, quando o assassinato do arquiduque Ferdinando fez desmoronar a frágil estabilidade do sistema.

Fernando Henrique Cardoso também observou que, na história, qualquer novo regime de governança global é consequência de um "consenso dos vencedores", como foi o caso dos Estados Unidos e seus aliados ao término da Segunda Guerra Mundial. O problema hoje, segundo ele, é que "os velhos vencedores estão começando a perder e ainda não está inteiramente claro o quanto as economias emergentes vêm a ser os novos vencedores. Quem, então, integrará a 'comunidade de interesses' proposta por Zhen Bijian? Quem estabelecerá as novas regras e instituições e irá prover os bens públicos globais?" O G-20, Cardoso diz, talvez não esteja "pronto. Talvez leve 15 anos".

Além disso, conforme Cardoso, Schröeder, Lamy e outros sugeriram, a construção de uma nova ordem nos dias de hoje não é problema exclusivo dos Estados-nação, mas também de entidades subnacionais como as emergentes regiões das megacidades, assim como a sociedade civil global.

O global dentro do local

O ex-economista chefe do FMI Raghuram Rajan propõe uma solução para esse desafio à medida que as instituições globais se preparem para uma "legitimidade primária" no longo prazo. "O papel dos órgãos multilaterais, tais como o G-20 e o FMI, não deveria ser o de coordenar políticas entre países, mas o de *inserir a dimensão internacional no debate político interno de cada país no que tange a reformas* (ênfase do autor). Também deveria ser o de estabelecer regras do jogo razoáveis sobre regulamentação financeira, fluxo de capital entre países e resgate financeiro internacional."[8]

Em outras palavras, mais do que, por exemplo, pôr o foco em acordos internacionais sobre taxas de câmbio, indicadores macroeconômicos ou padrões para limitar a emissão de gases de efeito estufa celebrados em reuniões de cúpula, o G-20 deveria engajar-se em *caminhos de reforma definidos no âmbito doméstico que levem à convergência* e que considerem *as realidades políticas, estruturais e culturais de cada Estado nacional que mudam rapidamente*. Essa é a maneira de reconciliar os âmbitos local e global.

Seguir exclusivamente o caminho do G-20, argumenta Rajan, resultará de fato ao "G-Zero" sobre o qual alerta Roubini.

Por exemplo, segundo Rajan, no caso da China, "um caminho de reforma definido no âmbito interno que conduza à convergência" significaria aumento de salários; aumento de juros para o depósito bancário de moradia; melhora da saúde e da educação; aumento dos impostos cobrados às empresas e redução dos subsídios em insumos tais como terra e energia; e investimento em infraestrutura para interligar o interior ao litoral.

Um caminho de convergência definido no âmbito doméstico para os Estados Unidos, segundo Rajan, concentrar-se-ia mais em ajustar sob medida as aptidões e a instrução da mão de obra dos americanos conforme os empregos que estão sendo criados, mais do que se prender aos velhos empregos eliminados pela tecnologia ou pela competição estrangeira. Isto deve incluir a melhora dos padrões educacionais ao avaliar o desempenho estudantil, avaliações de aptidão dos professores e o aumento da concorrência entre as escolas.

Para Rajan, os Estados Unidos também precisam de uma melhor rede de seguridade social, não apenas para dar segurança aos trabalhadores mas também para garantir que processos de recuperação lentos não resultem em gastos excessivos para a criação acelerada de postos de trabalho.

Embora "caminhos domesticamente definidos" rumo a soluções globais possam funcionar em áreas tais como mudança climática, Ernesto Zedillo argumenta que, nos âmbitos do comércio e das finanças, encontrar uma forma de abordar os desequilíbrios globais por meio de políticas coordenadas seria o "teste definitivo" do G-20. Mais do que esperar que governos domésticos assumam suas responsabilidades, o G-20 deveria implantar um mecanismo robusto de coordenação.

Acreditando que a "revisão mútua", por parte dos membros do G-20 de sua própria contribuição para os desequilíbrios globais seja fraca demais, Zedillo insistiria numa robusta capacidade de vigilância do Fundo Monetário Internacional, a qual poderia alertar a China quanto à sua moeda supervalorizada, ou os Estados Unidos, quanto aos seus déficits crescentes, para uma melhora nas garantias multilaterais contra a escassez de crédito disponível a fim de reduzir a necessidade de possuir reservas elevadas e, por fim, para dar um novo impulso para completar as negociações comerciais da Rodada de Doha.

A experiência na Organização Mundial do Comércio leva Pascal Lamy a sugerir uma fusão entre as abordagens de Rajan e Zedillo de forma a encontrar a melhor combinação de localização de questões globais, esforços nacionais que devam se submeter à revisão mútua, e disciplinas internacionais cuja infração deveria acarretar um custo.

A fim de lidar com as questões globalmente relevantes, cada dimensão deve ser posta em um desses "grupos".

Lamy acredita que a articulação dos vários elementos da governança global, incluindo o sistema das Nações Unidas, pode se estruturar melhor por meio de um "triângulo de coerência" que saiba aproveitar as virtudes de cada um deles.

"De um lado do triângulo fica o G-20, substituindo o antigo G-8 e provendo liderança política, direcionamento de políticas e coerência", conforme diz Lamy. "O segundo lado do triângulo são as Nações Unidas, que oferecem um arcabouço para a legitimidade global por meio de prestação de contas. Do terceiro lado ficam as organizações internacionais geridas pelos membros, que fornecem expertise e contribuições especializadas, seja por meio de regras, políticas ou programas."

Um modelo híbrido: cúpulas e redes

Levando em conta essa análise, o Conselho para o Século XXI que se reuniu no México em maio de 2012 propôs uma abordagem híbrida para que o G-20 forneça bens públicos globais.

Primeiro, os acordos celebrados nas cúpulas fazem sentido no que tange a regulamentação financeira, fluxos de capital entre nações e resgate financeiro internacional impulsionados por uma "vigilância" forte e independente das economias do G-20 quanto a práticas que contribuam para os desequilíbrios. Nossas recomendações incluíram o estabelecimento de "sherpas de duas trilhas" (a permanente e a anual) para levar adiante as políticas e assegurar a sua continuidade de uma cúpula à outra, organizadas por meio da "troika" pelos presidentes atual, anterior e próximo do G-20, e a expansão da Organização para Cooperação e Desenvolvimento Econômico OECD, na sigla em inglês de forma a incluir as economias emergentes do G-20. Entre as tarefas da OECD com o G-20 estaria a mensuração dos fluxos de comércio de uma forma nova, levando em conta a distribuição global de produção que se dá hoje em dia (como na fabricação do iPad, ver capítulo 4) e seu impacto sobre emprego e comércio. Uma política global coordenada para reduzir os desequilíbrios deve basear-se em uma análise objetiva e compartilhada dos fatos ou haverá tensões e conflitos desnecessários.

Em segundo lugar, uma teia de redes nacionais e subnacionais deve ser fomentada, de modo que a provisão dos bens públicos globais – tais como o crescimento baixo em carbono para combater a mudança climática – venha de baixo, por meio de "coalizões dos dispostos" a trabalhar juntas para ir na direção de um limiar de mudança global. Conforme proposto na reunião do G-20 realizada em maio de 2012, no México, na qual o presidente Calderón se concentrou no "crescimento verde", arranjos como o Mecanismo para um Desenvolvimento Limpo, sob a égide do Protocolo de Kyoto, poderiam ser impulsionados. É, em essência, uma "troca global de commodities por licenças de emissão de carbono" que permite o comércio entre jurisdições nacionais e subnacionais que já tenham ou estejam planejando um sistema de comércio de emissões – tal como existe na Califórnia, Austrália e em Quebec, bem como em alguns estados europeus e províncias chinesas. Em definitivo, a liquidez que resultaria desse comércio encorajaria outras jurisdições a se juntarem.

Outra ideia discutida por nós era a de vincular o R-20, ou "Regional 20", às metas estabelecidas pelo G-20 para a mudança climática. O R-20 foi fundado por Arnoldo Schwarzenegger quando ele era governador da Califórnia, e seus membros vão do estado de Gujarat, na Índia, até o Governo Provincial de Gyeonggi, na Coreia do Sul, passando por Puglia, na Itália. A ideia é que, mesmo se o progresso quanto à mudança climática e energia limpa seja prejudicado no nível da governança global ou do Estado-nação, os níveis subnacionais ainda poderão seguir em frente de forma a construir uma massa crítica que cresça de baixo para cima.

A Figura 7.1 ilustra uma configuração conceitual de como o sistema de cúpulas e redes sociais podem trabalhar em conjunto.

Além de assessorar o G-20, o Conselho para o Século XXI assumiu projetos em que pode exercer um impacto direto por meio de suas próprias redes de relacionamentos. Um exemplo é o de se guiar pelo argumento de Zheng Bijian a favor da "construção de uma comunidade de interesses" entre Estados Unidos e China, o núcleo da economia global, ao encorajar o investimento externo direto dos excedentes da China em infraestrutura e empregos nos Estados Unidos – de forma a, elegantemente, fechar o círculo de comércio e emprego e conter o aumento dos sentimentos protecionistas, ao mostrar que a Globalização pode significar trabalho tanto nos Estados Unidos como na China.

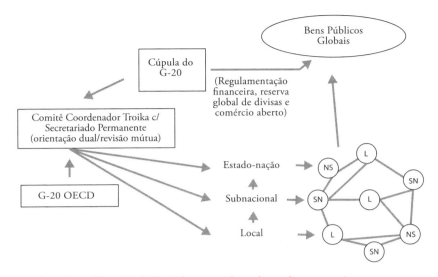

Raghuram Rajan: "O papel do G-20 não deveria ser o de coordenar políticas entre países, mas o de inserir a dimensão internacional no debate sobre políticas domésticas de cada país."
Pascal Lamy: "Proximidade é legitimidade."
Construção de comunidade de baixo para cima. Ex.: Rede Subnacional para Energia Limpa

Figura 7.1 Uma configuração conceitual sobre como o sistema de cúpulas e o de redes sociais podem trabalhar em conjunto (cortesia de Alexander Gardels)

Quando Xi Jinping visitou a Califórnia em fevereiro de 2012, o governador Jerry Brown, falando como de um príncipe a outro (o pai de Brown também foi governador, enquanto o de Xi foi um alto membro do Politburo), sugeriu que a China talvez pudesse financiar o plano do sistema estadual de trem-bala, com custo de 90 bilhões de dólares, assim como investir em zonas "plug and play"* nas áreas mais pobres da Califórnia, onde o desemprego é maior, a exemplo de Central Valley e Riverside County.[9]

---

* Isso refere-se a zonas econômicas especiais com prévia autorização, conforme os vários regulamentos locais, estaduais e federais, de forma que os negócios possam simplesmente "se ligar", iniciar ou expandir.

Existe certa simetria elegante neste último esforço também. Quando Brown visitou a província de Guangdong no começo dos anos 1980,[10] logo após seu primeiro mandato como governador, foi recepcionado pelo pai de Xi Jinping, Xi Zhongxun, que era então o governador de Guangdong. Xi pai, que era íntimo de Deng Xiaoping, era o cérebro por trás do então novo experimento da "zona econômica especial", em Shenzhen. Ele estava em busca de investimento dos Estados Unidos!

Por meio de sua rede de contatos na Califórnia, tecidos pelo Think Long Committee e suas conexões na China, que chegam às autoridades mais altas da China Investment Corporation e a Zheng Bijian, o Conselho para o Século XXI foi capaz de facilitar o avanço desses projetos.

Esse projeto é só um exemplo de como um grupo da "sociedade civil global" como o Conselho para o Século XXI, junto com empresas e governo em diferentes níveis, pode ajudar a resolver as contradições de divergência/convergência e global/local no seio atual das mudanças de poderes.

Aplicar o paradigma de "transferência de competências, implicação e divisão na tomada de decisões" próprio da governança inteligente pode ajudar a constituir a "legitimidade primária" de que o G-20 precisará para lidar com os novos desafios globais.

A alternativa é um vácuo de poder, naufrágio e, por fim, a ameaça de conflitos destrutivos. Não existe prioridade maior para a governança global do que a de fazer o necessário para garantir que o momento presente se assemelhe mais a 1950 do que a 1910.

8

Europa

União política e déficit democrático

O projeto histórico da integração europeia está mais do que empacado. Está num impasse existencial.

A crise da dívida soberana da Europa foi deflagrada por desequilíbrios surgidos porque a moeda única criou uma profunda interdependência sem que houvesse capacidade para uma governança comum. Aquilo que o escritor alemão Hans Magnus Enzensberger[1] chama de "o monstro gentil" de Bruxelas se meteu no que não era de sua conta, como, por exemplo, ao ditar o comprimento dos preservativos, enquanto não se metia naquilo que devia – monitorar as condições fiscais e competitivas de seus Estados membros. Bruxelas se pôs a monitorar a vida social de seus membros enquanto deixava a macroeconomia cuidando de si própria.

Agora restam apenas duas escolhas: desintegrar-se mediante a volta ao Estado-nação sem sequer uma moeda comum; ou seguir em frente rumo a alguma forma de união política e federativa plena – ainda que, do nosso ponto de vista, por meio de um forte, mas limitado, Estado que preserve a diversidade da Europa.

De certa maneira, a Europa enfrenta o mesmo conjunto de desafios que o G-20: como compartilhar soberania de uma forma que promova o bem-estar nacional no longo prazo e, portanto, colha o apoio da população. Assim como no

G-20, e assim como em sistemas de governança em Estados-nação, níveis mais altos de coordenação e gestão da interdependência requerem níveis mais altos de autoridade, para que se coordene e gerencie a interdependência a um nível sistêmico, também quando identidades nacionais e locais adquiram mais voz em seus níveis pertinentes de competência.

O Council on the Future of Europe (Conselho sobre o Futuro da Europa) do Instituto Nicolas Berggruen buscou abordar esses problemas ao reunir um pequeno grupo das figuras políticas mais experientes e eminentes da Europa para debater e projetar as instituições que governariam uma Europa federal e depois esboçar um caminho a ser seguido, passo a passo.

O grupo inclui Marek Belka (Polônia), ex-primeiro-ministro; Tony Blair (Reino Unido), ex-primeiro-ministro; Juan Luis Cebrián (Espanha), presidente de *El País/Prisa*; Rodrigo de Rato (Espanha), ex-diretor executivo do FMI; Jacques Delors (França), ex-presidente da Comissão Europeia; Felipe González (Espanha), ex-primeiro-ministro; e Otmar Issing (Alemanha), ex-membro do Conselho Executivo do Banco Central Europeu; Jakob Kellenberger (Suíça), ex-ministro do Exterior; Alain Minc (França), intelectual e empreendedor; Mario Monti (Itália), economista e ex-membro da Comissão Europeia, e (no momento da redação deste livro) primeiro-ministro; Romano Prodi (Itália), ex-primeiro-ministro; Gerhard Schröder (Alemanha), ex-chanceler; Matti Vanhanen (Finlândia), ex-primeiro-ministro; e Guy Verhofstadt (Bélgica), ex-primeiro-ministro.

O grupo também conta com os conhecimentos de outros membros, incluindo Mohammed El-Erian (CEO da PIMCO); Niall Ferguson (Universidade de Harvard); Anthony Giddens (ex-diretor da London School of Economics); Ed Mundell (ganhador do Nobel de economia e pai do euro); Nouriel Roubini (analista financeiro); Michael Spence (Nobel de economia, Universidade de Stanford); e Joseph Stiglitz (Nobel de economia, Universidade de Columbia).

Uma Europa federal com instituições de governo legítimas só pode ser alcançada pelos meios que já defendemos neste livro – por meio da transferência de competências, envolvimento e divisão na tomada de decisões, o que há muito é conhecido no discurso europeu como "subsidiariedade", ou *somente* assumir responsabilidades em nível mais alto quando estas não possam ser assumidas em nível mais baixo.

Inevitavelmente, a solução constitucional que reequilibrará a Europa é diferente do que se vê tanto no G-20 quanto na Califórnia, uma vez que já possui uma entidade governamental de base meritocrática, a Comissão Europeia, que pode obter a autoridade e a legitimidade de que precisa para somente prestar contas para o Parlamento Europeu eleito, resolvendo assim o "déficit democrático".

Aqueles que propõem uma Europa federal terão que sustentar seu ponto de vista perante uma população cada vez mais reticente, baseando-se não somente nos benefícios de uma Europa unida que tem o maior mercado do mundo e uma livre circulação de trabalho e capital, mas também nos desafios geopolíticos do mundo para o qual caminhamos, em vez do extinto mundo eurocêntrico.

A Europa deve se unir de forma a competir ou será deixada para trás, não apenas em termos econômicos, mas por uma questão de influência civilizacional, à medida que o poder se desloca para o Oriente: a China e uma América voltada para o Pacífico. Como disse ex-primeiro-ministro do Reino Unido Tony Blair,* o projeto europeu de hoje diz

---

* A menos que atestado de outra forma, as citações diretas do capítulo foram tiradas de reunião do Conselho para o Futuro da Europa realizada no Baur au Lac Hotel, em Zurique, em 23 de janeiro de 2012.

menos respeito à paz no continente tal como foi no século XX, e mais ao poder dentro do sistema global.

Especialmente depois da crise do euro, como observou com perspicácia o ex-primeiro-ministro polonês Marek Belka, os europeus passaram a ver o euro como um fator que "amplifica" os deslocamentos da globalização" em vez de proteger a Europa deles, já que entregaria o destino econômico para mercados financeiros, e os empregos, para "inimigos econômicos" como a China. Uma Europa competitiva, que possa colher os benefícios da globalização em vez de sofrer as perdas que a desunião e a fraqueza implicam, segundo Belka, é algo que somente pode ser alcançado por meio de união política. "É soberania compartilhada versus hiperglobalização", afirma ele.

Qualquer um que contemple ambiciosamente uma Europa federal deve humildemente atentar para as comparações históricas. As federações bem-sucedidas do passado não precisaram vencer os obstáculos culturais e políticos que cabe à União Europeia enfrentar. No seu momento de federação nos anos 1780, os Estados Unidos eram um punhado de jovens estados pouco povoados, com uma cultura britânica e uma língua inglesa em comum. O outro exemplo exitoso de federação é a Suíça, no próprio coração da Europa. Mas ainda assim a federação suíça levou séculos para se concretizar.

Segundo o atual presidente da Cruz Vermelha Internacional, Jakob Kellenberger, "uma federação necessita de tempo." "Foram séculos até que as pessoas dos diferentes cantões suíços viessem a se conhecer; depois, houve um longo período de confederação até que se rumasse definitivamente para a federação, em 1848. Essa transição deu-se somente como consequência de um momento histórico de grandes tensões entre liberais e conservadores, protestantes e católicos."

A federação suíça funcionou, segundo Kellenberger, porque o centro respeitou a autonomia dos cantões, que nunca estiveram ávidos para abrir mão de suas competências. As autoridades centrais têm sido muito "prudentes" quanto a nunca abusar de sua autoridade. Esse equilíbrio prudente tem sido chave para o sucesso da Suíça.

Na Suíça, a divisão das competências é muito clara entre o estado federal e os cantões. Se uma competência não for mencionada na Constituição federal, ela pertence aos cantões. As competências federais incluem relações exteriores, política cultural, política social e os domínios comuns da vida econômica, tais como o comércio exterior e os mercados de trabalho.

Qualquer longa marcha rumo à federação que se pretenda bem-sucedida deve começar pelo conserto das falhas constitucionais que levaram à crise da dívida soberana que hoje aflige a Europa.

Gerhard Schröder, o ex-chanceler alemão a quem é dado o crédito pelas duras reformas do mercado de trabalho que fizeram da Alemanha o país mais competitivo da Europa, imputa a crise de hoje às decisões falhas tomadas no calor do descongelamento da Guerra Fria há duas décadas. Segundo Schröeder, o então presidente francês François Mitterand acreditava que o euro imporia limites ao poder alemão ao atrelá-lo aos demais poderes numa mesma jurisdição monetária. O então chanceler alemão Helmut Kohl, que entendia que a moeda única costumava ser o último e não o primeiro passo na construção de um arranjo federal, ainda assim entendeu que isso levaria a uma união política. Vinte anos depois, essa proposta está sendo duramente testada.

Ainda que fosse um homem jovem quando foi primeiro-ministro da Espanha, de 1982 a 1996, Felipe González é considerado um pai fundador da União Europeia pós-Guerra Fria, junto com Kohl e Mitterrand. Ele foi um dos dois primeiros a alertar, agora há mais de uma década, que uma zona de moeda única com políticas econômicas "divergentes, incoerentes e descoordenadas", ao longo de Estados-nação, estaria "preparando o terreno para choques de assimetrias" tais como vemos hoje na Grécia. Um dos menores Estados da Europa arrastou todo o continente para a crise. Já em 1998, González argumentava a favor de uma união econômica comum para evitar choques.

Segundo González, é chegado o momento de uma ação deliberada, "abrangente", rumo à união política, que se afaste do antigo padrão europeu de alcançar o progresso funcional através da acumulação de evoluções rumo a uma soberania compartilhada – primeiro a Comunidade do Carvão e do Aço, seguida da Política Agrícola Comum, da união aduaneira, do Mercado Comum, e da incorporação das nações do centro e do leste após a queda do Muro de Berlim.

Otmar Issing, economista conservador alemão e ex--diretor do Banco Central Europeu, concorda. "A moeda única não deveria ser vista como a 'porta dos fundos' para a união política", disse ele recentemente, em Zurique. "Se a Europa quer uma política externa comum e uma união política, isso deveria ser diretamente decidido por meios democráticos."

Jean Pissani-Ferry, o respeitado diretor da Bruegel, o principal *think-tank* da Europa, sediado em Bruxelas, não poderia estar mais de acordo. "A ideia de Kohl estava essencialmente equivocada", ele disse. "O dinheiro não pode criar uma identidade comum; mas criou, ainda assim, interdependência." Segundo Pissani, essa interdependência está agora ameaçada, porque "tudo o que temos é um centro de poder fraco", em Bruxelas, para gerenciá-lo. A questão, agora, para que a Europa siga em frente é entender "o que, exatamente, é necessário para ter um centro forte, porém limitado?".

Este dissonante enigma da interdependência sem uma identidade comum encontra-se no cerne do desafio institucional e constitucional à governança em todas as partes. O duplo fenômeno da convergência econômica em meio à divergência cultural – a interdependência de identidades plurais – é a principal característica da Globalização 2.0.

Oriundo de um país pequeno e homogêneo, o ex-primeiro-ministro da Finlândia Matti Vanhanen argumenta que, para a Europa, "a identidade deve preceder as instituições, ou fracassarão". Essa proposta está intimamente ligada ao outro desafio institucional que discutimos neste livro: a legitimidade é enraizada na proximidade, uma vez que a identidade tem sido historicamente associada ao apego à origem.

Certa ocasião, quando perguntado como explicaria a elevada prosperidade das nações escandinavas a despeito de sua alta tributação, Milton Friedman[2] respondeu que se devia a que uma identidade comum, em meio a uma cultura homogênea, abria caminho para o consenso. Em tais circunstâncias, o mercado torna-se menos importante. A importância do mercado, no dizer de Friedman, é precisamente a de permitir àqueles sem uma identidade comum, mesmo àqueles que odeiam uns aos outros, trabalharem juntos.

Todavia, aonde os mercados forem as instituições deverão ir também, uma vez que a interdependência (oportunidades, deslocamentos, externalidades) que criam entre pessoas com diferentes identidades. *O desafio, hoje, é precisamente como estabelecer instituições de governança efetivas com base nos interesses comuns de interdependência, mas não precedidas pela identidade comum.*

Por definição, essas instituições devem ser limitadas a prover os bens públicos que forem do interesse comum, sem exigir uma obediência cultural plena ou intervenção na vida autônoma das nações, além do que for necessário para sustentar os vínculos benéficos da interdependência. É uma questão de escala e de competências. Voltando ao nosso tema, é questão de delegar, envolver e de dividir a tomada de decisão.

O que tudo isso sugere à Europa é que ela primeiro atravesse um longo período de "federação suave" – um centro forte porém limitado, com membros nacionais altamente autônomos – antes de chegar ao seu destino de Estado federal, algo muito mais leve que o Leviatã imaginado antes da era da distribuição de poder.

Todos aqueles que buscam uma solução federal para a Europa entendem que o ponto de partida deve ser homogeneizar a regulamentação e o controle das instituições financeiras que operam na União Europeia. Conforme diz Felipe González: "É ridículo que Estados membros mantenham regras diferentes neste espaço comum e integrado onde as instituições financeiras operam livremente. A ausência de regulamentação homogênea somente semeará a próxima crise financeira e comprometerá o desempenho da Europa nas décadas por vir à medida que a economia global lhe apresente novos desafios competitivos."

Para Felipe González é prioritário federalizar as políticas econômica e fiscal. Os vários países deveriam concordar quanto a terem um balanço de pagamentos comum e uma tributação mínima harmonizada. Tal movimento tornaria evidente a necessidade interna de cada país quanto a promover reformas estruturais profundas – como, por exemplo, maior flexibilidade em mercados de trabalho rígidos –, de forma a promover a competitividade.

Tudo isso é mais fácil de ser dito do que de ser feito devido à diversidade de modelos econômicos ao longo da União Europeia, que abrange a Escandinávia e a Itália, bem como economias de baixa tributação e alto consumo, a exemplo da Grécia, e de alta tributação e baixo consumo, como é o caso da Alemanha.

Para federalistas como Guy Verhofstadt, Jacques Delors e Romano Prodi, alinhar mais os Estados europeus quanto a questões como níveis salariais, contrato social ou alíquotas de tributação deveria ser tarefa da Comissão Europeia – que representa todos os 27 membros da União Europeia – impedindo que tais fatores fossem produtos de "tratados intergovernamentais" inevitavelmente dominados por Estados maiores, como França e Alemanha, sobretudo o último.

Em 2011, o trio escreveu no *Financial Times*[3] que, "considerando a diversidade das economias europeias, não concebemos uma política de tamanho único. Mais do que isso, precisamos de um caminho de convergência claro e unido quanto a um conjunto acordado de políticas a serem adotadas. Apresentar propostas com tal fim deveria ser tarefa da Comissão". Eles ainda disseram o seguinte:

> Para cada medida proposta, a Comissão deveria estabelecer – com a anuência dos Estados membros e do Parlamento Europeu – uma gama de padrões ou metas dentro dos quais seria esperado que os Estados membros convergissem, conforme um prazo estabelecido – por exemplo, quanto à idade para aposentadoria e a um piso fiscal comum para as empresas. O mesmo seria aplicado aos níveis de investimento em pesquisa e desenvolvimento e aos salários segundo coeficientes de produtividade.

O progresso teria que ser regularmente monitorado, mais uma vez pela Comissão, a qual deveria ter o poder de pressionar (e, em última instância, sancionar) contra o descumprimento, assim como o faz quando se trata de violações das regras de concorrência ou infrações das leis de mercado.

Se a Comissão Europeia – agora indicada pelo Conselho Europeu, integrado pelos chefes de Estado de todos os países membros da União Europeia – assumir o papel que Delors e os demais definiram para ela, precisará encontrar uma legitimidade que ainda não possui.

Conforme dissemos, a atual crise de governança do continente diz mais respeito à Europa que ao euro. Diz respeito tanto ao déficit democrático quanto à dívida soberana.

Os governos nacionais têm a legitimidade democrática do mandato popular. Sendo compreensível que tenham que prestar contas ao seu eleitorado, ainda que o façam de maneira superficial, os líderes nacionais fracassaram em "assumir" a Europa, apesar de compartilharem uma moeda. O resultado coletivo terminou sendo o colapso financeiro.

Somente por meio de mais integração e de uma coordenação mais próxima de políticas será possível restaurar a saúde do balanço europeu e sustentar estabilidade e a prosperidade num longo prazo. Mas as instituições europeias de integração sediadas em Bruxelas carecem de mandato popular e, consequentemente, da legitimidade para torná-las efetivas.

Conciliar integração e democracia é a única resposta para a Europa. E isso somente pode ser alcançado dentro do marco de uma união política federal na qual um Parlamento Europeu democraticamente eleito elege – e, portanto, faz que se reporte a ele – o Executivo da Comissão Europeia. Tal federação deve ter um centro forte com poderes limitados, monitorados por fortes Estados membros. Com esse fim, o presente Conselho da Europa seria transformado em uma "Câmara Alta", como o Bundesrat alemão ou o Senado americano, como equivalente à "Câmara Baixa" do Parlamento atual.

Cada resposta política à crise da dívida soberana nos últimos dois anos levou a União Europeia a uma maior integração. A conversa anterior sobre "coordenação robusta" deu lugar a um debate feroz sobre quanto se deve ceder de soberania para a união fiscal necessária para sustentar a zona do euro. A conclusão lógica deste processo é uma união política plena.

Na ausência de um caminho crível para chegar a essa meta, a crise apenas tenderá a voltar repetidamente à medida que cada passo incremental se mostrar ineficiente. Em resumo, a resolução da crise da dívida soberana e a convergência definitiva das condições econômicas, conforme reconhecido tanto por Angela Merkel quanto por Mario Monti, só podem se concretizar ao se retomar a tarefa de "aprofundar" a Europa através do estabelecimento de uma união federal plena.

Não há dúvida de que chegou a hora de também olhar além do horizonte imediato e começar a pensar em como devem ser as instituições de governo de uma tal união política.

Trata-se de um desafio não somente para os líderes europeus mas, acima de tudo, para uma população engajada. Somente o seu envolvimento pleno pode aportar a legitimidade que se exige das instituições da União Europeia, cuja efetividade é comprometida pelo presente "déficit democrático".

Conforme já tornamos claro, qualquer esforço para esboçar a soberania compartilhada em uma união política deve se concentrar em limitar o poder de um governo federal europeu para fornecer os necessários bens públicos europeus – tais como coordenação macroeconômica, infraestrutura comum e relações exteriores –, deixando, assim, a maioria das funções, da educação às políticas culturais, a cargo dos Estados soberanos. Ainda que os Estados membros devam conservar a flexibilidade na solução política que escolherem, será exigido deles que mantenham orçamentos equilibrados, conforme o caso dos Estados americanos ou do pacto fiscal acordado pelos Estados da zona do euro em dezembro de 2011.

A identidade da Europa sempre virá da diversidade, não da uniformidade ou da centralização excessiva. Ninguém deseja a homogeneidade. E faz ainda menos sentido construir um aparato burocrático em Bruxelas em uma era da informação na qual o poder distribuído das redes está transformando a própria natureza da governança.

Ainda que uma Europa federal estaria aberta a todos, o imperativo de avançar rumo a uma união política não deveria ser refreado por aqueles não dispostos a progredir. As populações democráticas de cada Estado terão que decidir se aderir à federação é um interesse de longo prazo ou não. É uma ilusão acreditar que uma união política forte pode ser construída na frágil aliança resultante de tratados. Seu alicerce deve ser o de um mandato popular.

Com a intenção de iniciar este debate crítico, eis um esquema de como seria uma união política na Europa (ver também a Figura 8.1):

1. O Parlamento Europeu elegeria o chefe do Executivo da Comissão Europeia, que formaria um gabinete de ministros com os maiores partidos do Parlamento, incluindo um ministro das Finanças com capacidade para arrecadar impostos e formular um orçamento de alcance europeu e substancialmente mais recursos do que o atual 1% do PIB da União Europeia. O foco do

ministro das Finanças seria na coordenação macroeconômica, não na gestão microeconômica. Outras competências do gabinete limitar-se-iam ao fornecimento dos "bens públicos europeus" supranacionais (defesa, política externa, energia, infraestrutura etc.), deixando o máximo possível de decisões a respeito de outros assuntos nas mãos dos governos nacionais da federação.

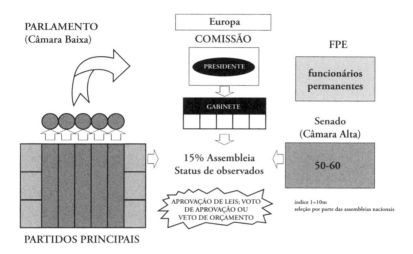

Figura 8.1 Esquema do aspecto que a união política na Europa poderia ter (cortesia de Alexandre Gardels)

2. A Corte Europeia de Justiça arbitraria quando questões de soberania entre o governo federal e o Estado-nação estivessem em jogo.
3. Devido ao maior poder do Parlamento para selecionar um chefe do Executivo da Europa que será o centro da prestação de contas – "o euro para aqui" –, eleições de alcance europeu, baseadas em listas partidárias europeias e não em listas de partidos nacionais, iriam

se tornar mais robustas e atrativas para o cidadão médio, substituindo a atual apatia com relação às eleições europeias, fruto do senso de que não são de fato importantes. Maior participação cidadã significará mais legitimidade para as instituições europeias.

4. O atual Conselho Europeu seria transformado em uma "Câmara Alta". Seus membros seriam escolhidos pelos Estados nacionais para mandatos mais longos que os do ciclo eleitoral da "Câmara Baixa" do Parlamento, de forma a encorajar uma governança com uma perspectiva de mais longo prazo. Diferentemente da Câmara Baixa, que se concentra primordialmente nos interesses de curto prazo de seus eleitorados nacionais, à Câmara Alta caberia ser um órgão deliberativo com foco no longo prazo, no plano expandido da Europa no mundo. Todos os Estados membros teriam representação, seja por meio de um sistema proporcional baseado na população ou, como no caso do Senado dos Estados Unidos, por meio de dois representantes por Estado.

5. A fim de preservar certa qualidade meritocrática não partidária da atual Comissão, cada ministro do gabinete que integrasse a Comissão faria par com um secretário permanente do serviço público europeu que fosse de sua área de competência.

6. Como em um "sistema Westminster" ideal, a formulação de orçamentos ficaria nas mãos da Comissão, não do Parlamento. O orçamento da Comissão seria apresentado para votação no Parlamento e não estaria sujeito ao "regateio" dos grupos de interesse no processo legislativo. Um voto de não confiança dado pelo Parlamento poderia rejeitar o direcionamento de políticas proposto pela Comissão, o que levaria à formação de um novo governo.

7. Impostos e legislação teriam que ser aprovados pela maioria tanto no Parlamento quanto na Câmara Alta.

8. A fim de promover uma "maioria consensual" no Parlamento, partidos que obtivessem menos de 10% dos votos em eleições de alcance europeu estariam presentes no debate, mas sem direito a voto. Tal regra tenderia a levar a política a um equilíbrio centrista e a evitar o impasse que possa surgir com o poder de veto dos pequenos partidos em uma coalizão.

Sem dúvida, há muitas questões pendentes relativas ao progresso em direção a uma união política. A fim de fomentar a legitimidade, não seria o caso de essas instituições e suas regras serem estabelecidas de baixo para cima, por meio de uma Assembleia Constituinte em vez de uma mudança nos tratados? Teriam os partidos maiores, que conquistam mais assentos no Parlamento Europeu, agendas suficientemente comuns de maneira a formar consenso e governar? Em um nível ainda mais básico, conforme discutimos anteriormente, pode uma união política formar uma verdadeira coesão sem vir precedida de uma construção nacional europeia, que funde uma identidade comum baseada tanto numa aspiração compartilhada de futuro quanto no legado diverso do passado?

Os arranjos federais em outros sistemas de governo, tais como o suíço e o estadunidense, têm se mostrado altamente benéficos e duradouros.

Em 1789, o secretário do Tesouro americano, Alexander Hamilton, propôs um forte sistema federativo de governo que assumiria as dívidas dos estados decorrentes da Revolução Americana ao mesmo tempo em que garantiria um fluxo estável de ingressos futuros, mediante uma melhor integração da política fiscal mas que preservasse a soberania local em assuntos não federais. Esse foi o primeiro passo para fazer dos Estados Unidos uma potência continental e, definitivamente, global.

De forma que na Europa, em 2012, também acontecerá de a resolução da dívida ser a parteira da uma união política que poderá fazer da Europa um poderoso alicerce na ordem geopolítica multipolar do século XXI. A única forma de responder a esse desafio em face das incertezas mencionadas é que os líderes da Europa, e suas populações, finalmente se comprometam com essa transformação, em vez de permanecerem paralisados pela hesitação.

Parte III

Conclusão

9

Sobrevivência dos mais sábios

Apesar dos obstáculos desanimadores que relatamos, nossas experiências no nível da Califórnia, da Europa e do G-20 sugerem que uma mudança estrutural ao longo das linhas da governança inteligente é tão possível quanto necessária.

Conforme argumentamos ao longo do livro, os desafios comuns criados para si pela humanidade, à medida que esboçamos a primeira civilização verdadeiramente global, só podem ser resolvidos se recorrermos à sabedoria prática coletiva tanto do Ocidente quanto do Oriente, ao mesmo tempo em que empregamos a tecnologia da era da informação que mudou as regras do jogo. Pela primeira vez na história, as hierarquias governantes estão sendo expandidas horizontalmente a ponto de que a ampla camada do meio tenha o mesmo acesso ao poder que seus governantes. Diferentemente do que acontece com a terra ou demais ativos, a posse do conhecimento não é de soma zero: pode ser compartilhada por todos e expandir todos os horizontes.

A humanidade percorreu um longo caminho nos últimos 5 mil anos. Nunca tantos viveram tão bem e tão livremente por tanto tempo ou viajaram tão longe e tiveram tantas experiências. Sabemos transplantar órgãos, clonar criaturas, regenerar células, bem como instantaneamente enviar dados ao redor do mundo via cabos de fibra óptica ou sinais de satélite. Podemos até investigar as remotas origens do universo.

Todavia, nossos sistemas de governança ainda ficam atrás na organização de uma sociedade que funcione para todos. A desigualdade e o analfabetismo persistem e são vastos. Metade da humanidade ainda vive na pobreza. Bilhões de pessoas carecem de liberdades básicas, sem falar nos requisitos mínimos para a realização pessoal. Com muita frequência a violência permanece sendo a maneira de resolver pendências e disputas.

Paradoxalmente, são nossas próprias criações que ameaçam aquilo que conquistamos. As armas nucleares ainda são muitas e proliferam. Com uma população de 7 bilhões que não deixa de aumentar, a própria prosperidade alcançada mediante ampla industrialização esgota recursos finitos e ameaça o mesmo equilíbrio ecológico que permitiu à humanidade florescer na estreita faixa de clima habitável da Terra.

À medida que a humanidade adentra aquilo que os cientistas agora chamam de era antropocena – a primeira era da longa história da Terra em que nossa espécie é a influência dominante –, nos vemos obrigados a estabelecer um novo caminho, que faça que a forma como nos governamos fique à altura dos saltos tecnológicos e científicos e suas múltiplas consequências.

Em muitos sentidos, quanto mais rápida, próspera, conectada e complexa fica a nossa civilização científica e tecnológica, menos inteligente se torna a nossa governança.

Aquilo que Henri Bergson[1] disse sobre o espírito também é verdade sobre o "espírito das leis", como Montesquieu[2] chamou o seu tratado sobre governança. No "corpo desproporcionalmente magnificado" da nossa sociedade tecnológica, segundo Bergson, "a alma permanece o que era, muito pequena para ser preenchida, e muito frágil para ser dirigida".[3] Crescer para desempenhar esse papel com governança inteligente é o maior desafio.

Não há solução infalível para todos os nossos problemas. Contamos o que já foi historicamente testado e experimentado – tanto a notável e milenar resiliência encontrada na "civilização institucional" da China como o breve e resplandecente momento da democracia liberal.

A governança inteligente é o novo software cívico que pode tornar mais compatíveis esses diferentes sistemas operacionais. Sua meta principal é buscar um equilíbrio harmônico nas questões humanas – entre responsabilidade e escolha pessoal, comunidade e indivíduo, liberdade e estabilidade, bem-estar e bem-ter, espécie humana e natureza, presente e futuro – com base na sabedoria do que funcionou melhor frente às circunstâncias do momento.

É certo que qualquer abordagem universal que surja das novas condições globais deverá pragmaticamente acomodar diversidade e níveis variados de desenvolvimento. A cooperação, que implica diferentes caminhos para a mesma finalidade, não a rigidez uniforme de um modelo único, é o meio para uma colaboração harmoniosa. Do desmoronamento da Torre de Babel ao colapso da União Soviética, a história tem nos ensinado que a diversidade é o caminho para a natureza humana.

Tal cooperação mutuamente benéfica é mais possível hoje que em qualquer momento anterior na história. Alguns cientistas que argumentam que a capacidade de partilhar conhecimento entre culturas, possível pelo "circuito de pensamento global" do nosso mundo conectado e pelo alcance planetário da mídia, é semelhante à "transferência genética horizontal". Isso sugere que governar compartilhando conhecimentos em vez de pela diferenciação competitiva pode marcar uma "evolução da evolução".

Quando unida à explosão do conhecimento na ciência e à revolução da informação, a necessidade de que toda a humanidade trabalhe junta pela sobrevivência alimenta a esperança de que nossa espécie supere o modelo primitivo e competitivo de evolução humana, o da "sobrevivência dos mais aptos", e se encaminhe a um modo menos conflitivo e mais inteligente e cooperativo – "a sobrevivência dos mais sábios". A governança inteligente, neste sentido, é a aplicação prática de uma visão do mundo mais evoluída.

Reverenciando a antiguidade histórica do Oriente, essa visão de mundo pode ser chamada de harmonismo. Talvez seja a alternativa do século XXI a uma noção estreita de "progresso" que, ao mesmo tempo em que propicia fantásticos saltos adiante, também acarretou os muitos danos derivados de suas ambições – extinção de diversidade cultural, vidas sacrificadas e a degradação do meio ambiente. O harmonismo não se opõe ao futuro e tampouco se propõe uma utopia em algum ponto final da história. Sua luta é, mais do que tudo, por um estado de equilíbrio.

A maturidade de nossa civilização será sem dúvida testada pela capacidade de superar as várias crises atuais mediante conscientização e espírito de cooperação. Nossa moderada esperança é que um mundo em que Oriente e Ocidente se englobem e onde indivíduos em todo lugar partilhem do mesmo acesso aos meios de poder que seus governantes esteja à altura do desafio.

Notas

Capítulo 1 – Globalização 2.0 e os desafios à boa governança

1. G.W.F. Hegel, *Philosophy of History,* trad. J. Sibree, Nova York: American Home Library Company, 1902 [1837].
2. F. Fukuyama, *The End of History and the Last Man,* Nova York: Simon and Schuster, 2006 [1992].
3. M. Wolf, "In the Grip of a Great Convergence", *Financial Times,* 4 de janeiro de 2011.
4. M. Spence, *The Next Convergence: The Future of Economic Growth in a Multispeed Word,* Nova York: Farrar, Strauss and Giroux, 2011, pp. 4-5.
5. J.A. Schumpeter, *Capitalism, Socialism and Democracy,* 3ª edição, Nova York: Harper Perennial, 1962.
6. D. Stockman, "Moyers & Company: David Stockman on Crony Capitalism", entrevista a Bill Moyers, 20 de janeiro de 2012. Em: http://billmoyers.com/segment/david-stockman- -on-crony-capitalism/ (acesso em maio de 2012).
7. C. Freeland, "US Workers Pay as Jobs Go Global", *International Herald Tribune,* 3 de fevereiro de 2012.
8. C. Duhigg e K. Bradsher, "How the US Lost Out on iPhone Work", *New York Times,* 3 de fevereiro de 2012.
9. Spence, *The Next Convergence.*
10. R. Rajan, *Fault Lines: How Hidden Fractures Still Threaten the World Economy,* Princeton: Princeton University Press, 2010.

Capítulo 2 – A democracia de consumidores dos Estados Unidos versus o mandarinato moderno da China

1. Zhang Weiwei, *The China Wave: The Rise of a Civilizational State,* Hackensack, NJ: World Century, 2012.

2. Pan Wei, "Origins of the Min-bei System", apresentado em "A Ideia da Meritocracia Política: Simpósio Interdisciplinar da Universidade Tecnológica de Nanyang", Cingapura, de 6 a 8 de janeiro de 2012.

3. N. Gardels, "Deglobalization or Market Pluralism?", *New Perspective Quarterly,* 16(1) (1999), pp. 2-3.

4. F. Fukuyama, *The End of History and the Last Man,* Nova York: Simon and Schuster, 2006.

5. F. Fukuyama, "US Democracy Has Little to Teach China", *Financial Times,* 17 de janeiro de 2011.

6. M. Wolf, "Lunch with the FT: Francis Fukuyama", *Financial Times,* 27 de maio de 2011.

7. M. Wolf, discussão no Nicolas Berggruen Institute, Rosewood Sandhill Resort, Menlo Park, CA, 4 de dezembro de 2011.

8. M. Olson, *The Rise and Decline of Nation: Economic Growth, Stagflation, and Social Rigidities,* New Haven, CT: Yale University Press, 1984.

9. E.X. Li, "Why China's Political Model is Superior", *New York Times,* 16 de fevereiro de 2012.

10. Kenich Ohmae, entrevistado por Nathan Gardels, 9 de janeiro de 2012.

11. "Banyan: The Party Goes On", *The Economist,* 28 de maio de 2009.

12. Y. Yevtushenko, "Russia's Pink Clouds of Utopia", in N. Gardels (ed), *The Changing World Order: World Leaders Reflect,* Malden, MA: Blackwell Publishers, Inc, 1997, pp.119-22.

13. D. Stockman, "David Stockman on Crony Capitalism", Bill-Moyers.com, 9 de março de 2012. Em: http://billmoyers.com/segment/david-stockman-on-crony-capitalism/ (acesso em maio de 2012).

14. G. Soros, *The New Paradigm for Financial Markets: The Credit Crisis of 2008 and What It Means,* Nova York: PublicAffairs, 2008.

15. D. Bell, *The Cultural Contradictions of Capitalism,* edição de 20º aniversário, Nova York: Basic Books, 1996.

16. D. Moyo, *How the West Was Lost: Fifty Years of Economic Folly – and the Smart Choices Ahead,* Nova York: Farrar, Strauss and Giroux, 2011.

17. M. A. Hiltzik, *Colossus, Hoover Dam and the Making of the American Century,* Nova York: Free Press, 2010.

18. Citado em N. Berggruen, "From California to Greece, Governance is the Key Issue", Forbes.com, 28 de maio de 2010. Em: http://www.forbes.com/2010/05/28/nicolas-berggruen--billionaire-california-china-government.html (acesso em maio de 2012).

19. R. Frazier, "CA Spends More on Prison Than Schools", PressTV.com, 21 de junho de 2011. Em: http://www.presstv.ir/detail/185641.html (acesso em maio de 2012).

20. Berggruen, "From California to Greece".

21. Nicolas Berggruen Institute, *A Blueprint to Renew California: Report and Recommendations Presented by the Long Committee for California,* Beverly Hills, CA, 2011.

22. A. Kluth, "Democracy in California: The People's Will", *The Economist,* 23 de abril de 2011.

23. S. Roach, "The Next China", *Aspenia,* 15 (2010), pp. 38-43.

24. S. Huntington, *Political Order in Changing Societies,* New Haven, CT: Yale University Press, 2006.

25. J. Woetzel, J. Devan, L. Jordan, S. Negri, e D. Farrell, "Preparing for China's Urban Billion", McKinsey Global Institute, março de 2008.

26. G. Yeo, "China's Megacity Mandarinate", *New Perspectives Quarterly,* 27 (3) (2010), pp. 40-3.

27. "Fareed Zakaria GPS: Interview with Wen Jiabao", CNN.com, 3 de outubro de 2010. Em: http://transcripts.cnn.com/TRANSCRIPTS/1010/03/fzgps.01.html (acessado em maio de 2012).

28. Conversação com He Baogang e Nathan Gardels, 7 de janeiro de 2012.

29. F. Fukuyama e Zhan Weiwei, "The China Model: A Dialogue between Francis Fukuyama and Zhang Weiwei", *New Perspectives Quarterly,* 28(4) (2011), pp. 40-67.

30. Ibid., pp. 41-2.
31. Ibid., p. 45.
32. Ibid., p. 45.
33. Ibid. p. 46.
34. Ibid. p. 48.
35. Ibid. p. 51.
36. Ibid. pp. 58-9.
37. Ibid., p. 64.
38. Huntington, *Political Order in Changing Societies.*

Capítulo 3 – Constitucionalismo democrático liberal e meritocracia: possibilidades híbridas

1. J. Rawls, *A Theory of Justice,* edição revisada, Cambridge, MA: Harvard University Press, 1999.
2. H. G. Creel, *Confucius: The Man and the Myth,* Whitefish, MT: Kissinger Publishing, 2010, pp. 275-6.
3. Ibid., p. 276.
4. Ibid., p. 256.
5. Ibid., pp. 260-1.
6. Ibid., p. 268.
7. Ibid., p. 269.
8. Ibid., p. 256.
9. Y. Pines, "Between Merit and Pedigree: Evolution of the Concept of 'Elevating the Worth' in Pre-imperial China", apresentado em "A Ideia de Meritocracia Política: Um Simpósio Interdisciplinar da Universidade Tecnológica de Nanyang", Cingapura, 6 a 8 de janeiro de 2012.
10. Ibid.
11. "Italy Crisis: "Mario Monti Appointed New PM-Designate", BBC News, 13 de novembro de 2011. Em: http://www.bbc.co.uk/news/world-europe-15713985 (acesso em maio de 2012).
12. J. Hooper, Mario Monti Appoints Technocrats to Steer Italy Out of Economic Crisis", *Guardian,* 16 de novembro de 2011.

13. M. Olson, *The Rise and Decline of Nations: Economic Growth, Stagflation, and Social Rigidities,* New Haven CT: Yale University Press, 1984.

14. Pan Wei, entrevista a Nathan Gardels, Pequim, 10 de janeiro de 2012.

15. J. Madison, "The Federalist Nº 10; The Utility for the Union as a Safegard Against Domestic Faction and Insurrection", *Daily Advertiser,* 22 de novembro de 1787.

16. S. Macedo, "Political Meritocracy and Liberal Democratic Constitutionalism", trabalho apresentado em "A Ideia da Meritocracia Política: Simpósio Interdisciplinar da Universidade Tecnológica de Nanyang", Cingapura, de 6 a 8 de janeiro de 2012.

17. J. Madison, "The Federalist Nº 62: The Senate", *Independent Journal,* 27 de fevereiro de 1788.

18. A. Hamilton, "The Federalist Nº 68: The Mode of Electing the President", *Independent Journal,* 12 de março de 1788.

19. Macedo, "Political Meritocracy and Liberal Democratic Constitutionalism".

20. M. Lind, "A Sino-Helenic Humanism", *New Perspectives Quarterly,* 17 (4) (2000), pp. 58-61 (p.58).

21. Ibid., p. 60.

22. H. Kissinger, *On China,* Nova York: Penguin Press, 2011, p. 13.

23. Lind, "A Sino-Hellenic Humanism", p. 59.

24. Ibid., p 59.

25. M. Wolf, "In the Grip of Great Convergence", *Financial Times,* 4 de janeiro de 2011.

26. E. X. Li, "Globalization 2.0: Democracy's Coming Demise", Huffington Post, 19 de fevereiro de 2012. Em: http://www.huffingtonpost.com/eric-x-li/globalization-20-democrac_b_12_1278784.html (acesso em maio de 2012).

27. Ver Zhang, *The China Wave: Rise of a Civilizational State,* Hackensack, NJ: World Century, 2012.

28. D. A. Bell, "Moving Eastward", *New York Times,* 16 de fevereiro de 2011.

29. Bai Tongdong, "A Confucian Version of Hybrid Regime: How Does it Work and Why It is Superior?", trabalho apresentado em "A Ideia de Meritocracia Política: Simpósio Interdisciplinar da Universidade Tecnológica de Nanyang", Cingapura, 6 a 8 de janeiro de 2012.

30. J. Rawls, *Political Liberalism*, Nova York: Columbia University Press, 2005.

31. J. Brennan, *The Ethics of Voting*, Nova York: Princeton University Press, 2012. p. 176.

32. Citação de B. Obama, *The Audacity of Hope: Thoughts on Reclaiming the American Dream*, Nova York: Random House Digital, Inc., 2006, p. 135.

33. M. E. Warren e J. Pearse, *Designing Deliberative Democracy: The British Columbia Citizens' Assembly*, Nova York: Cambridge University Press, 2008.

34. Bai Tongdong, "A Confucian Version of Hybrid Regime".

Capítulo 4 – Os novos desafios à governança: redes sociais, megacidades e a distribuição global das capacidades produtivas

1. "Zuckerberg Explains Facebook's Mission in Letter to Investors", *Nova York Daily News*, 1º de fevereiro de 2012.

2. D. Brin, *The Transparent Society: Will Technology Force Us to Choose Between Privacy and Freedom?*, Cambridge, MA: Basic Books, 1999.

3. K. Marx, *Das Kapital: A Critique of Political Economy*, ed. F. Engels e S. L. Levitsky, Washington, DC: Regnery Gateway, 1996 [1867].

4. K. Nahon, "Fuzziness of Inclusion/Exclusion in Networks", *International Journal of Communications*, 4 (2011), pp. 756-72.

5. Ver nota 2.

6. E. X. Li e George Yeo, "China's Parallel Universe", *South China Morning Post*, 20 de janeiro de 2012.

7. J. Keane, "China's Labyrinth", *South China Morning Post*, 20 de fevereiro de 2012.

8. A. Gramsci, *Prison Notebooks,* ed. e traduzido por A. Buttigieg, Nova York: Columbia University Press, 2010 [1929-35].

9. R. Jacob e Z. Ping, "Wukan's Young Activists Embrace New Role", *Financial Times,* 12 de fevereiro de 2012.

10. S. LaFraniere, "A Grass-Roots Fight to Save a 'Super-Tree'", *New York Times,* 4 de junho de 2011.

11. M. Sanchanta e M. Obe, "Moms Turn Activists in Japanese Crisis", WSJ.com, 17 de junho de 2011. Em: http://online.wsj.com/article/SB10001424052702303499204576389094076351276.html (acesso em maio de 2012).

12. J. Dempsey, "Enraged Citizens Movement Rattles German Politics", *New York Times,* 6 de maio de 2011.

13. R. Donaldio, "Italian Voters Come Out to Overturn Laws and Deliver a Rebuke to Berlusconi", *New York Times,* 13 de junho de 2011.

14. G. Tremlett e J. Hooper, "Protest in the Med: Rallies against Cuts and Corruption Spread", *Guardian,* 19 de maio de 2011.

15. N. Gardels, *New York Summary Report: 21ª Century Council Meeting,, New York March 26-27,* Nova York, Nicolas Berggruen Institute, 2011.

16. "David Cameron: We are Creating a New Era of Transparency", *The Telegraph,* 6 de julho de 2011.

17. N. Gardels, transcrição do Encontro de Berlim do Conselho do Nicolas Berggruen Institute, Berlim: Instituto Nicolas Berggruen, 2010.

18. D. Brin, "On Gin, Television, and Cognitive Surplus: A Talk by Clay Shirky", Edge.com, 2008. Em: http://www.edge.org/discourse/cognitive_surplus. html#brind (acessado em maio de 2012).

19. N. Gardels, "Media and Politics: From Machiavelli to Zeffirelli in Italy", *Washington Post,* 14 de maio de 1999.

20. G. de Michelis, "Beyond Newtonian Democracy", *New Perspectives Quarterly,* 9(4) (1992), pp. 9-11.

21. David Brin, entrevista a Nathan Gardels, 13 de fevereiro de 2012.

22. Ibid.

23. Tung Cheehwa, entrevista a Nathan Gardels e Nicolas Berggruen, novembro de 2011.

24. M. Castells, *The Informational City: Information Technology, Economic Restructuring and the Urban Regional Process,* Malden, MA: Wiley-Blackwell, 1991.

25. M. Castells, *The Rise of the Network Society: The Information Age Economy, Society and Culture,* Blackwell Publishers, Malden, MA, 2011 [1996].

26. M. Castells, "Megacities and the End of Urban Civilization", *New Perspectives Quarterly,* 13(3) (1996), pp. 12-14 (p. 12).

27. F. Holmes, "Middle-Class Middleweights to Be Growth Champions", Frank Holmes' Instablog, 30 de março de 2011. Em: http://seekingalpha.com/instablog/389729-frank--holmes/158671-middle-class-middleweights-to-be-growth--champions-bookmark-and-share (acesso em maio de 2012).

28. R. Koolhaas, *Content,* Berlin: Taschen, 2004.

29. Citado em N. Gardels, "The Generic City: Singapore or Bladerunner?" *New Perspectives Quarterly,* 13(3) (1996), pp. 4-9 (p. 9).

30. Citado em ibid., p. 7.

31. G. Yeo, "China's Megacity Mandarinate", *New Perspectives Quarterly,* 17(4) (2010), pp. 40-3.

32. P. Soleri, "The Frugal City", *New Perspectives Quarterly,* 17(4) (2000), pp. 4-8.

33. Gardels, *New York Summary Report.*

34. D. Bell e A. De-Shalit, "From Nationalism to Civicism", *New Perspectives Quarterly,* 29(1) (2012), pp. 57-60 (p. 58).

35. Citado em N. Gardels, "Singapore, Post-Liberal City of the Future", in N. Gardels (ed), *The Changing Global Order: World Leaders Reflect,* Malden, MA: Blackwell Publishers, Inc.,1997, pp. 244-50 (p. 244).

36. J. Gray, *"Modus Vivendi:* Liberalism for the Coming Middle Ages", *New Perspectives Quarterly,* 18(2) (2001), pp. 4-21 (p. 19).

37. J. Woetzel, J. Devan, L. Jordan, S. Negri, e D. Farrell "Preparing for China's Urban Billion", McKinsey Global Institute, março de 2008.

38. P. Lamy, "Change the Way the World Measures Trade", *New Perspectives Quarterly,* 29(2) (2012), pp. 37-8.

39. Ibid., pp. 38-9.

40. N. Gardels, *Pre-G-20 Summit Forum, 21ˢᵗ Century Council Summer Report,* Paris: Nicolas Berggruen Institute, outubro de 2011.

41. Lamy, "Change the Way the World Measures Trade", p. 3.

42. Gardels, *Pre-G20 Summit Forum.*

43. Alvin Toffler, *The Third Wave,* Nova York: Random House, 1987.

Capítulo 5 – Governança inteligente: princípios e modelo

1. Karl Marx, *Das Kapital: A Critique of Political Economy*, ed. F. Engels e S. L. Levitsky, Washington, DC: Regnery Gateway, 1996 [1867].

2. J. Rawls, *A Theory of Justice,* edição revisada, Cambridge, MA: Harvard University Press, 1999.

3. De uma entrevista com os autores, São Francisco, 4 de março de 2011.

4. F. Bastiat, *Selected Essays on Political Economy,* Nova York: Van Nostrand, 1964, citado em B. D. Caplan, *The Myth of the Rational Voter: Why Democracies Choose Bad Policies,* Princeton: Princeton University Press, 2008, p. 197.

5. Pan Wei, entrevista a Nathan Gardels, 10 de janeiro de 2012.

6. R. Brookhiser, *James Madison,* Nova York: Basic Books, 2012, p. 98.

7. Ver, por exemplo, A. M. Schlesinger Jr., *The Cycles of American History,* Nova York: Houghton Mifflin Harcourt, 1999.

8. He Baogang, entrevista a Nathan Gardels, 7 de janeiro de 2012.

Capítulo 6 – Reiniciando a democracia disfuncional da Califórnia

1. N. Berggruen, *A Blueprint to Renew California: Report and Recommendations Presented by the Think Long Committee for California,* Los Angeles: Institute Nicolas Berggruen, 2011.

2. California Forward, The Government Performance and Accountability Act, 2012. Em: http://www.cafwd-action.org/pages/proposed-ballot-measure (acesso em maio de 2012).

3. C.W. Simmons, *California's Statewide Initiative Process,* Sacramento: California Research Bureau, Biblioteca Estadual da Califórnia, 1997.

4. A. Kluth, "Democracy in California: the People's Will", *The Economist,* 23 de abril de 2011.

5. Ibid.

6. Francis Fukuyama, *The Origins of Political Order: From Pre--human Times to the French Revolution,* Nova York: Macmillan, 2011, p. 452.

7. M. Olson, *The Rise and Decline of Nations: Economic Growth, Stagflation, and Social Rigidities,* New Haven, CT: Yale University Press, 1984.

8. D. G. Savage e P. McGreevy, "US Supreme Court Orders Massive Inmate Release to Relieve California's Crowded Prisons", *Los Angeles Times,* 24 de maio de 2011.

Capítulo 7 – O G-20: governança global, de reuniões de cúpula a redes subnacionais

1. N. Gardels, *Pre-G20 Summit Forum: 21ˢᵗ Century Council Summary Report,* Paris: Nicolas Berggruen Institute, 2011.

2. Zheng Bijian, "China's 'Peaceful Rise' to Great-Power Status", *Foreign Affairs,* 1º de setembro de 2005.

3. Zheng Bijian, "Building Communities of Interest", in *Briefing Book: Globalization 2.0 and the Future of the G-20,* Nova York: Conselho para o Século XXI, Nicolas Berggruen Institute, 18 de fevereiro de 2011, pp. 32-3.

4. Shi Yu, "China's 12ᵗʰ Five Year Plan: A Preliminary Look, Part II", *Beijing Today,* 8 de março de 2011.

5. Citado em N. Gardels, "21ˢᵗ Century Council Concept Paper", in *Briefing Book: Globalization 2.0 and the Future of the G-20.*

6. Ibid., pp. 8-9.

7. Ibid., p. 9.
8. Ibid., p. 10.
9. D. Siders, "Capitol Alert: Jerry Brown Plans Trip to China to Count Investors," *The Sacramento Bee*, 2 de março de 2012.
10. D. Siders, "Jerry Brown Seeks Chinese Investments for California Projects", *The Sacramento Bee*, 2 de março de 2012.

Capítulo 8 – Europa: união política e déficit democrático

1. H.M. Enzensberger, *Brussels, the Gentle Monster: Or the Disenfranchisement of Europe*, tradução de Martin Chalmers, Chicago: Seagull Books, 2011.
2. M. Friedman, "Free Markets and the End of History", *New Perspectives Quarterly*, 23(1) (2006), pp. 37-43.
3. G. Verhofstadt, J. Delors, e R. Prodi, "Europe Must Plan a Reform, Not a Pact", *Financial Times*, 2 de março de 2011.

Capítulo 9 – Sobrevivência dos mais sábios

1. H. Bergson, *The Two Sources of Morality and Religion*, tradução de R. Audra e C. Bereton, Londres: Macmillan and Co., 1935 [1932].
2. C. Montesquieu, *The Spirit of the Laws*, impresso para G. e A. Ewing e G. Faulkner, Dublin, 1751 [1748].
3. Bergson, *The Two Sources of Morality*, p. 268.

Conheça mais sobre nossos livros e autores no site
www.objetiva.com.br

Disque-Objetiva: (21) 2233-1388

Este livro foi impresso na
LIS GRÁFICA E EDITORA LTDA.
Rua Felício Antônio Alves, 370 – Bonsucesso
CEP 07175-450 – Guarulhos – SP
Fone: (11) 3382-0777 – Fax: (11) 3382-0778
lisgrafica@lisgrafica.com.br – www.lisgrafica.com.br